「経済大国」から降りる

ダイナミズムを取り戻すマクロ安定化政策

神津多可思
Kozu Takashi

日本経済新聞出版

はじめに

はじめての「普通」

日本経済を取り巻く環境は、2020年代央にかけて様変わりとなった。新型コロナウイルスの蔓延という、かつてないショックもあり、社会は大きく変わったが、その頃の閉塞感も日に日に過去のものとなっていく。そうした中で、著者がかつて30年間を行員として過ごした日本銀行も、新しい総裁の下で、その金融政策を大きく変え、日本経済は「金利ある世界」へ戻ろうとしている。

日本銀行の植田和男総裁は、ゼロ金利への復帰という政策変更を行った2024年3月の金融政策決定会合の後の記者会見で、今後の政策金利の設定の仕方について、「短期金利を政策手段にしている他の中央銀行と同じように設定していく」と述べた上で、それを「普通の金融政策」と表現した。

その「普通」とはどういう意味だろうか。日本銀行が金融調節を短期の政策金利の誘導によって行い始めたのは1995年のことであり、その頃、日本経済はバブル崩壊の後始末の真っ最中だった。普通とは、短期の政策金利の誘導に戻るという意味では、当時と同様の政策を行うことを意味するはずだが、内外の状況は当時とは全く異なる。したがって、「普通」とはいっても、当時とは当然違う実態になるはずだし、それは、日本経済が置かれた今日の状況の下では、はじめての「普通」でもあるはずだ。そもそも、中央銀行のバランスシートがここまで大きくなった状態のままでは、それを普通ということには違和感が残る。

本書では、金融政策と財政政策を合わせたマクロ安定化政策について、これまでを振り返り、その上でこれからの姿を探りたい。特に金融政策については、これからの「普通」とはどのようなものかを考えてみたい。

重ねてきた誤謬

「デフレでなくなりさえすれば全てうまくいく」わけでないことは、現在、私たちが経験している通りである。「いや、これまで言ってきた『デフレ』は今のような物価環境ではない」というのが今日の政府の説明だが、2年以上も、これまで目標としてきた2%を上回るインフレが続いている下では、何とも説得力がない。本書の執筆時点で、政府はデフレ脱却を公式に認めていない。

毎日、消費をしている身からすれば、2024年末の現時点では、もはやデフレではない。そもそも、消費者物価指数前年比がマイナスという意味でのデフレの時期は、過去においても限定されていた。それでも、「消費者物価前年比がマイナスの状況でなくなれば、2%程度の実質成長が実現できる」という暗黙の理解が、かつての異次元緩和の背景にはあったように思う。今振り返れば、それは短絡的にすぎた。実際、消費者物価と実質GDPの前年比の関係をみても、2%インフレであれば2%の実質経済成長になると言えるほどのはっきりとした相関はうかがえず、さらに時間差を織り込んだ相関もさほど強くない（**図表0－1**）。これが、これまでの現状評価における1つ目の誤謬であると思う。

ただし、消費者物価でみたデフレがまたやってくるという期待が蔓延している状況と、そうでない状況とでは、企業のリスクテイクの姿勢が違う可能性がある。マイルドなデフレが繰り返される環境で企業のリスクテイクが弱くなるとすれば、そのことは潜在成長率に影響を与える。企業のリスクテイクとは、雇用、資本設備などへの投資そのものであり、それはマクロ経済の成長にとって非常に重要な要素だ。そのような考えのステップを飛ばして、「デフレでさえなくなれば」ということを、厳密な意味でデフレでなかった期間も言い続けてきたところが

図表 0-1　実質 GDP 成長率とインフレ率の関係（1971〜2021 年）

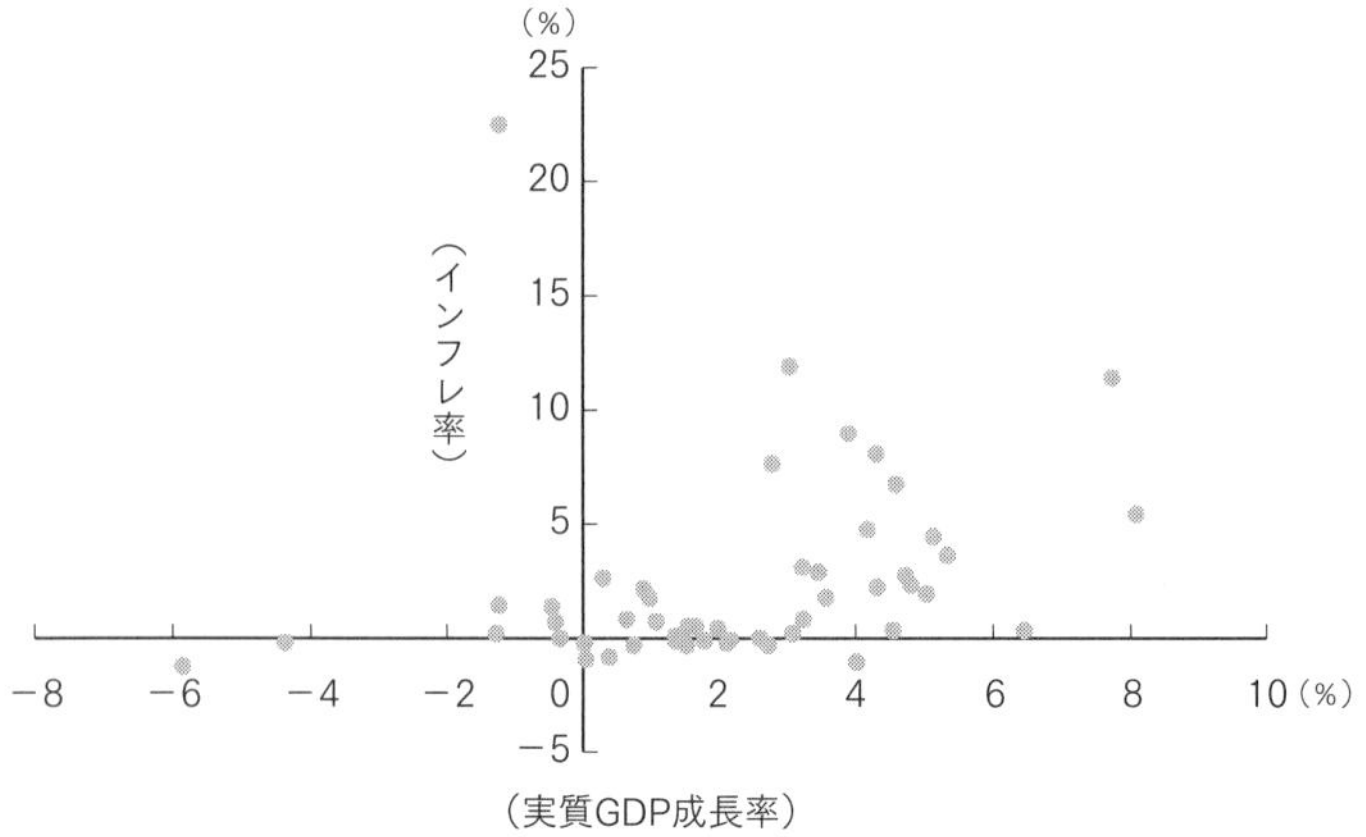

	インフレ率の相関係数
実質 GDP 成長率と同時	0.25
実質 GDP 成長率に 1 年先行	0.27
実質 GDP 成長率に 2 年先行	0.37
実質 GDP 成長率に 3 年先行	0.39

（出所）内閣府「国民経済計算」、総務省「消費者物価指数」
（注）実質GDP成長率、インフレ率とも年次。インフレ率は消費者物価指数の生鮮食品を除く総合。

あったのではないか。

さらに考えを進めると、日本経済はもっと強い需要刺激をすれば、もっと高い実質成長率が実現できたのだろうかという疑問が湧く。それが難しかったことは、以下、本書でみていくが、実は、デフレと言ってきたその本質的な意味合いは、成長率の低さではなく、日本経済に蔓延してきた「不振感」のことだったのではないか。この、経済が不振であるという感じと実質経済成長率との間に、明確な

図表 0-2　生活幸福度、企業の業況判断 DI と実質 GDP 成長率（1994～2022 年度）

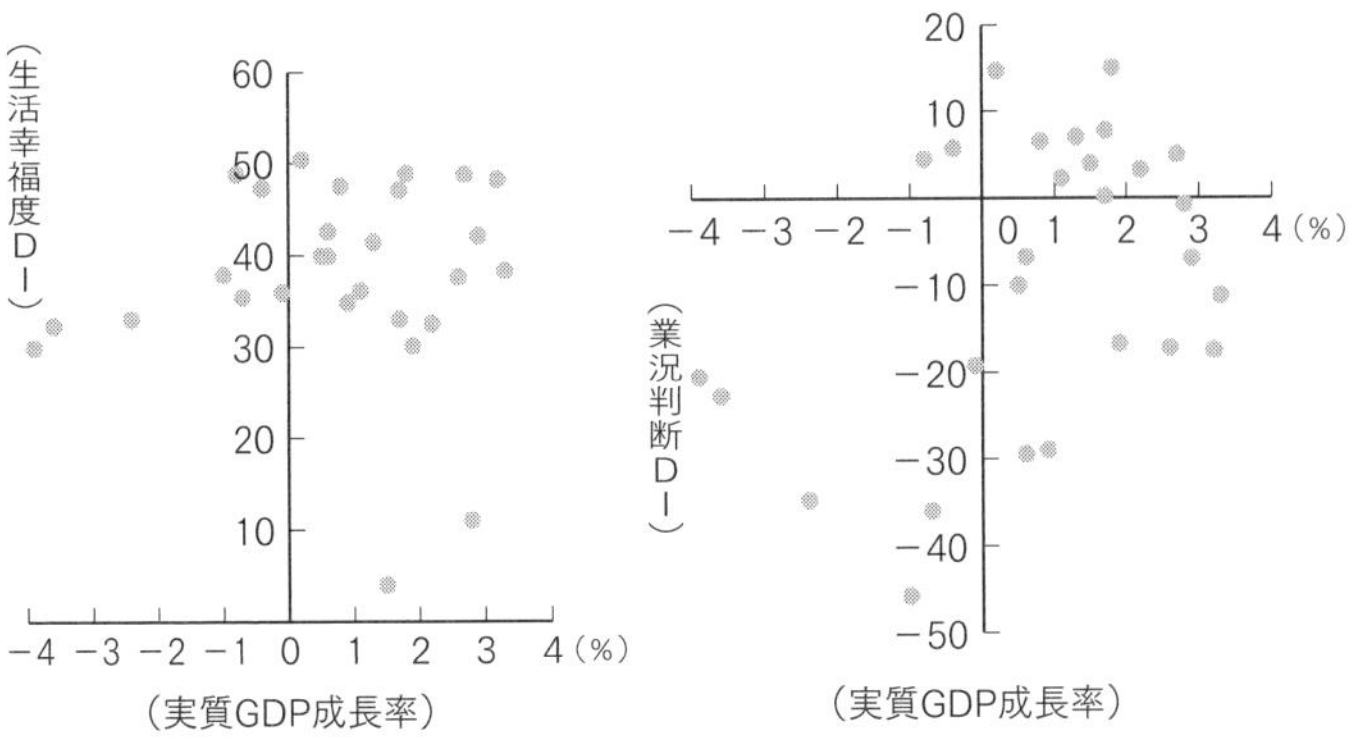

（出所）内閣府、「国民経済計算」、「国民生活に関する世論調査」
日本銀行、「全国企業短期経済観測調査」

（注）生活幸福度DIは、「国民生活に関する世論調査」において、現在の生活の満足度について{「満足している」＋「まあ満足している」}の回答割合から{「やや不満だ」＋「不満だ」}の回答割合を引いたもの。
2020年度はコロナウイルスの影響で調査は中止。1998年度、2000年度も調査結果が報告されていない。また、2021年以降の調査数は3,000人、それ以前の調査数は10,000人となっている。

業況判断DIは全産業全規模合計。

いずれも年度平均。


正の関係を見出すこともまた難しいようにみえる。例えば、内閣府の「国民生活に関する世論調査」や日本銀行の「全国企業短期経済観測調査」に表れる国民の生活幸福度や企業の業況についての判断と実質ＧＤＰ成長率の関係をみると、これらについても相関はさほどはっきりしたものではない（**図表０－２**）。成長率さえ高くなれば、家計も企業も元気になると考えたのも誤謬だった可能性がある。これが２つ目である。

そうした不振感は、需要刺激を強化し、デフレから脱却できればより高い経済成長が安定的に実現できるという1つ目の誤謬と重なり、日本経済における閉塞感にも繋がった。いくら需要刺激を強化する政策を重ねても、なかなか将来の展望はひらけなかったからだ。

本書ではまず、このような、これまで日本経済を考える際に重ねてきた認識の誤謬を振り返る。その際の問題意識は、1990年代以降のそれぞれの時期において、ではどうすれば良かったかということだ。その整理を、現時点から未来に投影できないかというのが、本書の基本的なテーマである。

あるべきマクロ安定化政策の姿

バブル崩壊後の長い期間、日本経済が不振だという感覚が続いたことは事実だ。その不振感を払拭するためには、実際、どうすれば良かったのだろうか。本書ではそれを、マクロ経済の変動を平準化することが目的である「マクロ安定化政策」に焦点を当てて考える。マクロ安定化政策とは、マクロ経済を安定化させるための政策として金融政策と財政政策を一緒に考えるアプローチであり、本書ではこの呼称を度々使う。

より具体的には、景気循環の振れを一定の範囲に制御し、家計、企業といった経済活動の主体が直面する、経済の過熱あるいは不調によって生じる様々な調整コストが必要以上に大きくなることを避けようとする政策をイメージしている。もちろん、1つの政策主体がそのマクロ安定化政策全体を実施しているわけではないので、実践的には金融政策と財政政策に分解して議論せざるを得ない。しかし両者が、マクロ経済の安定という共通の目標の下に、調和的に運営される必要があることも事実である。

本書では、その点を意識してマクロ安定化政策という言葉を使った。金融政策と財政政策は、それぞれ、できることは違うが、マクロ経済の安定を目指すという視点は共通である。それを前提に、両政策が本来できることをより明確にし、その上で適切な役割をそれぞれに割り当てる必要がある。

他方で本書では、景気の循環を無視した需要刺激の強化が、長い目でみて日本の潜在成長力を低下させてきた可能性にも言及している。一見、これは全く正反対のことを言っているようにもみえる。しかし、何事にも塩梅《あんばい》があって、2%程度の実質経済成長にせよ、そのための2%のインフレにせよ、それが実現されるまで景気循環に沿った金融環境のダイナミズムまで圧殺しても良いことにはならない。

長期的にみて日本経済の成長力の底上げを図るためには、その供給構造を環境の変化に応じて速やかに変えていかなければならない。そのためには、一定の景気循環があった方が良い。

なぜなら、景気の後退局面でこそ供給構造変化の準備が進むと考えられるからである。以下の第1章で詳しくみるが、そもそも日本経済が経験してきたのは、バブル崩壊後の40年以上の長い期間にわたって、性質の異なるいくつかの供給構造の変換を促す力に直面してきたということである。そうした力は1つの景気循環の長さを超えて作用してきた。他方、景気循環の振れが過度になっては、かえって長期的にみた成長力は下押しされる。さらに日本経済の場合、経済の供給構造の変化を促す環境変化のスピードが速い。それは高齢化の進展のスピードに顕著に表れているし、経済的な結び付きの強い中国の目覚しい発展をみても肌で感じられるところだ。そのため、供給構造を変えるコストも大きくなるので、景気循環を通してみた場合には、マクロ安定化政策はその供給構造の変化をサポートするものでなければならない。その難しいバランスを実現させることが、日本の金融、財政のマクロ安定化政策には求められている。これが本書の基本的な姿勢である。

今日、日本経済には新しいダイナミックな動きが芽生えているように感じられる。経済全体として、金融政策と財政政策のそれぞれが本来できることを確認し、その上で目の前にある問題を克服するための方策を、企業、家計、政府それぞれの立場で改めて考えるところに来ている。誤謬のないマクロ安定化政策のあり方について、今一度整理をするには良いタイミングだと思う。

金融政策――供給構造の変化を見極めるべき

結論をあらかじめ圧縮して述べれば、まず金融政策に関しては、それは本来、景気循環をならすための政策である点を、今一度認識すべきだと考える。金融政策が、そうした機能を十分発揮するためには、当然、対象とする日本経済の状況をできるだけ正確に把握しなくてはならない。その際には、供給構造の変化が進む中にあっては、労働市場の情報が今後ますます重要になる。

金融政策運営上、まずは物価環境に注目するのは当然のことだ。2%のインフレ目標が設定されているのだから、それとの対比での経済の現状判断が第一歩になる。しかし過去、インフレ率がその目標に到達していないことを理由に、無理に金融緩和を強化してきたところがあったのではないか。その目標が達成できる時間軸は、経済の供給構造に変化を促す力が強く作用している時には、そうでない時に比べ長くなる。

長い目でみて維持できない供給力が過剰に存在していて、そうした分野を中心に需給ギャップが需要不足/供給超過の方向に開いているというのが、これまでの日本経済であった。その場合、①需要を刺激してできるだけ短期に需給ギャップを縮める、②一定の時間はかかるが供給力が削減されて需給ギャップが縮まる、という2つの選択肢では、どちらが良いか。決定的な答えはない。しかし、これまでの日本経済では、あまりにも前者に重点が置かれすぎていたのではないか。

削減すべき供給力が残存しているため、マクロの需給ギャップが2%インフレを実現するほどに縮まない場合、マクロ経済の状況を把握する上で、物価環境に加えて注目すべきは労働市場である。雇用に関して、何らかの定義による完全雇用が成立しているのに、金融緩和を強化してもインフレ率が上昇しないとすれば、マクロ経済学としては不可解である。

だからこそ、設定したインフレ目標の実現のため、これまで金融緩和が強化されてきた。しかし、経済を取り巻く環境変化のスピードが速く、そのため、例えば既存の資本設備の陳腐化も急速に進んでいる場合、雇用についてある種の完全雇用が成立していても、削減すべき資本設備について稼働率が十分上がらないという特殊な状況も考え得る。

そうした状況で、長い目でみた場合、有効な需要が乏しく維持できない資本設備を稼働させるために金融緩和によって需要刺激を行うと、景気循環を通した平均的な成長率を高めることにはならない可能性がある。逆に、その維持できない供給力が存在するため、長期的な経済成長率が表面上の需要不足のために低下するかもしれない。もし、そうだとすれば、金融政策には、労働市場がある種の完全雇用圏内に入ったと判断される場合には、むしろ供給構造の調整を待つことが求められる。

ただし、その場合の完全雇用は、マクロ経済が定常状態にある場合の完全雇用とは違うはずだ。長い目でみて持続可能なビジネス分野へと、労働力が常に移動し続けている中での完全雇用だからだ。その見極めは、マクロの経済指標だけで固定的に行うのは難しい。どうしても、ミクロ情報も活用して総合的に判断する必要がある。

日本銀行法には、その第2条に「通貨及び金融の調節を行うに当たっては、物価の安定を図ることを通じて国民経済の健全な発展に資することをもって、その理念とする」とある。これを直裁に読めば、労働市場の状況への配慮のために目先の「物価の安定」を犠牲にすることは日本銀行にはできないことになる。しかし、「日本経済の健全な発展に資する」ことなく短期的に「物価の安定」を目指すことがあるとすれば、それもまた日本銀行法にある理念に背馳《はいち》することになりはしないだろうか。金融政策について、本書では、以上のような問題意識を持って考えることにしたい。

財政政策――歳出余力を確保することが課題に

財政政策については、財政赤字の現状を踏まえれば、景気循環をならすための機動的な対応の余地は限られる。今後、一番重要なことは、これからの財政赤字を持続可能な範囲内に制御していくことだろう。また、日本経済の供給構造を新しい環境に適応したものに変えていくインフラストラクチャーの整備なども、これからの財政政策の重要な役割になる。さらに、家計が安心して支出できる状況を作るという意味で、所得配分を適正化させる役割も果たさなければならない。

財政政策は、常に政治的な意思決定の過程を経て実行に移されるので、そもそも臨機応変の調整は難しい。その上に、今述べたようないくつもの難しい課題に直面している。したがって、景気循環をならす側面については、景気拡大局面で税収が増え財政収支が改善する、その逆の時は逆、というビルトイン・スタビライザーの機能をちゃんと働かせることが基本になる。一時的な税収増があったからと言って、それを理由に歳出を増やすようなことがあっては、長期的な財政赤字の制御に支障を来たしかねない。

また、財政政策を日本経済が供給構造をさらに迅速に変化させていくことを助けるものとするためには、そのための歳出の余力も確保しなければならない。他の先進国に比べ、日本の社会保障関連以外の分野の財政支出は、経済の規模を考えれば決して多いとは言えない。今後さらに進む高齢化に伴って、社会保障制度に関連する支出は増加傾向をたどらざるを得ないだけに、どうやってそのための歳出余力を確保するかが大きな問題となる。

1つには、社会保障分野の歳出のあり方を見直す必要があるだろう。もう1つには、財政の歳入のあり方の見直しも求められるだろう。また、そうした変更を検討する過程においては、経済活動を最大限活性化させるような所得配分の実現を意識することも大事である。

さらに、今後、何十年という時間経過の間に予想される大規模な地震、あるいは想定外の安全保障上の出来事などから生じる経済の混乱といった、発生確率は不明だが、事案が発生した場合の財政支出の規模が大きい事態への備えも求められる。そうした場合には、どうしても国債を増発せざるを得ない。したがって、必要な資金を必要な時に十分確保できるだけの国債発行能力を、常に備えておくという意識も重要である。財政政策については、こうした点についての考えを整理したい。

「経済大国」から降りる

以上のような金融・財政のマクロ安定化政策の下で、どのような日本経済が今後実現されていくのだろうか。それを本書の最後に考える。当面の間、高齢化・人口減少は避けられない。家族を作ろうとする人が増える社会になった方が良いと思う人は多いだろう。しかし、そうなっていくとしても、しばらくの間は働くことができる人の数が減少することは避けられない。

他方、当面の人口減少を有効に埋めあわせることができるスピードで労働市場の門戸を海外に開くことも現実的ではない。北米や欧州の先進国は、移民を受け入れることで、元からその場所に住んでいる人々の出生率の低下を補ってきた。しかし、同時にそれによる社会の不安定化というコストも負担している。

社会の分断とも呼ばれるそうしたコストは、先進国が移民によって人口の減らない社会を実現する上では不可避でもあった。これまで移民に対して保守的であった日本の社会が、その社会的コストを負担する用意がすぐにできるかどうか。コンセンサスを形成するのになお時間がかかるとすれば、やはり当面の人口減少は受け入れざるを得ないことになる。

そのような状況の下で、政府が行う経済政策は、日本経済をどうしようとするものなのか。全体としての経済のスケールやその拡大スピードを、過去を参照に、今より大きく、今より速くするということ、すなわちこれからも「経済大国」を追い求めることがこれからも最優先になるのだろうか。必ずしも、そうではないのではないか。高齢化が進み、人口が減少する過程において、グローバルにみた日本経済は、相対的にみて、もはやかつてのように大きくはならないし、成長のスピードもかつてのようには速くならない。だとすれば、金融政策にせよ、財政政策にせよ、戦後の昭和期のような目線でそれらを行うべきではない。日本は「経済大国」から降りるところに来ている。

先進国の中で最も速いスピードで高齢化を経験している日本だけに、かつてのように他の先進国を参考にするわけにもいかない。プレゼンスという観点では、日本は次第に欧州の国々のようになっていくのかもしれない。欧州の1つ1つの国は、現在、人口規模は日本より小さく、したがって産業構造もより集約的になっている。今後の日本経済も、次第にそうした今よりもコンパクトな経済になる。その中にあって、もはや「経済大国」の復活を追い求めることをやめ、その発想を超えて、この国土で暮らす1人1人が一層充実感を持てるようにしていかなければならない。

そうしたスケールを追わない経済を実現する上では、金融仲介の実力を高めることが重要になる。今後の経済環境に適合した企業を育み、経済の供給構造を変えていくために、企業の資本、負債の両面で、金融仲介を通じる経営に対するガバナンスがより効果的に機能しなければならない。それはまた、高齢化が進む過程で、家計が引退後に必要な金融資産を、現役の頃から形成していくことをサポートするものでもある。

以上のように整理してみると、本書での主張は、別の角度からみれば、これまで、特にバブルの後始末を終えた2000年代央以降、成長戦略の実行が不徹底、不十分であり、そのしわ寄せが金融・財政のマクロ安定化政策に及んだということでもある。成長戦略の肩代わりを要請された分、マクロ安定化政策としての機能が制約され、それが様々なかたちの歪みを今日の日本経済に残しているのではないだろうか。

問題意識を共有する

本書は学術書ではない。以下、本書で述べる様々な観察は、一次的な概観にすぎない。アカデミックな成果とするためには、経済モデルへと思考を純化し、その上で実証を進め、観察の正当性を統計的に証明するところまで作業を進めなければならない。本書でカバーした全ての観察についてそうした作業をするのは、1人の研究者ではあまりにも広範かもしれない。

他方、本書には、金融経済についての予備知識がないと、読み進める意欲をなくしてしまう箇所も多々あろうかと思う。前二著『「デフレ論」の誤謬』『日本経済　成長志向の誤謬』について、そうしたコメントをたくさんいただいた。大学で初めて経済学を学ぶ学生にも興味を持って読み進めることができるような内容のものは、別途考えたい。しかし、本書に限って言えば、再び、実際に金融経済の中で活動しておられる方々に対し、問題意識を提示する内容となっている。

それは、2020年代の前半に日本経済の置かれた状況がまた大きく変わり始め、この時点で問題意識を焼き付けておかないと、次に進めないように感じてのことである。厳密な裏付けのない言い放しではないかと思われた読者で、しかしさらに分析を進めてみる価値がありそうな問題意識を共有された方がおられたら、是非、一緒に議論する機会があればと思う。また、説明が丁寧でないと感じられる方がおられるとすれば、大変に申し訳ない。また違うアプローチで、本書で提示した問題意識を記述する努力をしたい。

目次

第4章 日本の金融政策をどう考えるか（2）——運営上の論点 127

第5章　日本の財政政策をどう考えるか

第1章

再論・バブル崩壊以後の日本経済

これからのマクロ安定化政策のあり方と、その下での日本経済のイメージを考える準備として、1990年代の初頭にバブルが崩壊して以降、結局のところ日本経済に何が起きたのかを改めて簡単に整理したい[1]。

1 バブル崩壊の後始末

「失われた時間」とは何だったのか

失われた時間とよく言われる。いつまで経ってもなかなか展望がひらけない中で、その時間も、10年、20年、30年と延びてきた。2024年の現時点において、落ち着いて考えてみれば、バブル崩壊後、その後始末が終わるまでの間は、失われた時間と言われても仕方がないところがある。1990年代初にバブルが崩壊し、その後始末が終わったのは、債務・雇用・設備の3つの過剰が解消した2000年代半ばだった。

その約15年間の間、様々な試行錯誤があった。1990年代央の段階で、後始末が一区切りついたとの判断が当時はあったのだろう。消費税率の引き上げや社会保障負担の増額などが行われた。しかし、現時点から振り返れば、当時の日本経済には、そうした追加的負担に耐え得る準備がまだできていなかった。家計、企業に対するそうした負担増は、過大な需要ショックとなり、景気は後退局面に入り、その後、1990年代後半には銀行危機が訪れる。

結果的に、バブル生成期に形成された様々な過剰の解消が不十分だった上に、景気後退の重荷が重なり、そこからの日本経済は大変な時期を迎える。その調整過程は、しばしば不良債権処理と認識された。不良債権という過剰な債務の範囲は、マクロ経済的には将来の成長率と金融環境に依存して変化してしまうので、その確定作業は困難なものであった。

不良債権の範囲の確定に向け、企業、金融機関、政府の大変な努力が積み重ねられたが、日本経済がバブル生成期前の中成長に戻るという期待がなお残存するうちは、なかなか関係者の合意が形成されなかった。一般に不良債権とは、資産の現在価値が減少し、返済を約定している負債にまで食い込んでしまったもの、すなわち債務超過になっている資産のことと言える。

マクロ経済としてみた不良債権

それを個別企業について説明する上では、当時もよく議論されたが、概念的には、資産の価値をネット・キャッシュフロー(2)の割引現在価値として捉えるところから出発する必要がある。その割引現在価値とは、企業が毎期生み出すネット・キャッシュフローの伸び率と、将来のそれを現在価値に割り引く時の割引率の組み合わせの微細な変化で大きく変化する（**図表1－1**）。ほとんどの場合、負債と純資産の額は名目値で固定されているので、債務超過かどうかの判断は、その資産の現在価値をどうみるかにかかってくる。

これは、本来、個別の企業についての考え方である。当時は、日本経済全体としての不良債権の額もしばしば話題になった。そうしたマクロ的な評価にも、抽象的にはこのネット・キャッシュフローの割引現在価値の考え方を適用することができる。マクロでは、ネット・キャッシュフローの伸び率は経済成長率で近似できるだろうし、その割引率はマクロ経済全体にとっての金利(3)に大きく影響されるだろう。

成長率が長期的にみて再び高まると予想される場合には、その分、資産の現在価値は大きくなる。また、割引率が低下していくと予想される場合も同様である。債務が過剰かそうでないかの線引きをする上では、このように、資産の現在価値を考える際の将来に向けての成長率とその割引率をどう設定するかが鍵となる。そして、さらに注意しなければならないのは、**図表1－1**からも分かるように、その成長率、割引率のちょっとした変化で割引現在価値が大きく変動する点である。

図表 1-1　割引現在価値と成長率・割引率の関係

今、当期のネット・キャッシュフローを X、その成長率は簡略化のために将来にわたって一定であると仮定して、それを g、将来のネット・キャッシュフローを現在価値に引き直す際の割引率を、これも将来にわたって一定であると仮定して、それを r とする。その時、その企業が永遠に存続するとした場合のネット・キャッシュフローの割引現在価値 A は、一般に以下の式で表すことができる。

$$A = X / (r - g)$$

この式で、r と g の組み合わせの変化によって、A は X の何倍になるかという関係を示したのが下表である。

例えば成長率（g）が 3% で割引率（r）が 3.5% の時、割引現在価値（A）は当期のネット・キャッシュフロー（X）の 200 倍となるが、割引率が変わらないまま成長率が 2% に低下すると、それは 67 倍となってしまう。すなわち、割引現在価値は 1/3 になってしまう計算になる。

割引現在価値は、資産価格を考える際の基本的な考え方であるが、以上のような簡単な試算からも、将来の成長率の予想、あるいはそれを割り引く際の金利の少しの変化によって、概念的な割引現在価値が大きく変動し得ることが分かる。


（倍）

		成長率（g）						
		0.1%	0.5%	1.0%	1.5%	2.0%	2.5%	3.0%
割引率（r）	0.5%	250						
	1.0%	111	200					
	1.5%	71	100	200				
	2.0%	53	67	100	200			
	2.5%	42	50	67	100	200		
	3.0%	34	40	50	67	100	200	
	3.5%	29	33	40	50	67	100	200

（出所）著者作成

成長率については、バブル崩壊前の中成長に戻るとの感覚がバブル崩壊後しばらく拭えなかった。その場合、企業部門の資産の現在価値は高めに意識されることになるので、結果的に不良債権の範囲はより狭くなる。そのような成長率回復の期待が裏切られると、逆に不良債権の範囲は広がる。不良債権の処理が長引いた1つの理由は、そのように経済成長率についての期待がなかなか現実に見合うところまで低下しなかったことにある。(4) その結果、不良債権額がなかなか縮小しなかった。さらに、上述のように、成長率のちょっとした低下が現在価値を大きく引き下げるため、不良債権と認識される資産は、成長率の期待が下方修正される度に増加していったと考えられる。

個々の企業の評価と日本経済全体の話では次元は異なる。しかし、実際のところ、先行き業況が回復するという見込みの中で、不良債権ではないと分類された債権が、結局、業況回復が実現できず、不良債権化したケースも多かった。そのように、不良債権の範囲の確定に時間がかかる中で、景気刺激策として累次にわたり金融緩和が行われた。それは企業価値の割引現在価値を計算する際の割引率の低下に繋がり、不良債権の範囲を狭くする効果があった。しかし、それも成長率についての期待の低下に追い付かなったというのが実際の展開だったのだろう。

次第に低下する期待成長率と、並行して低下を続けた割引率によって、概念的に考えられる割引現在価値としての企業価値も変動したはずだ。結局は、期待成長率の低下が動かせないも

図表 1-2　不良債権の認識

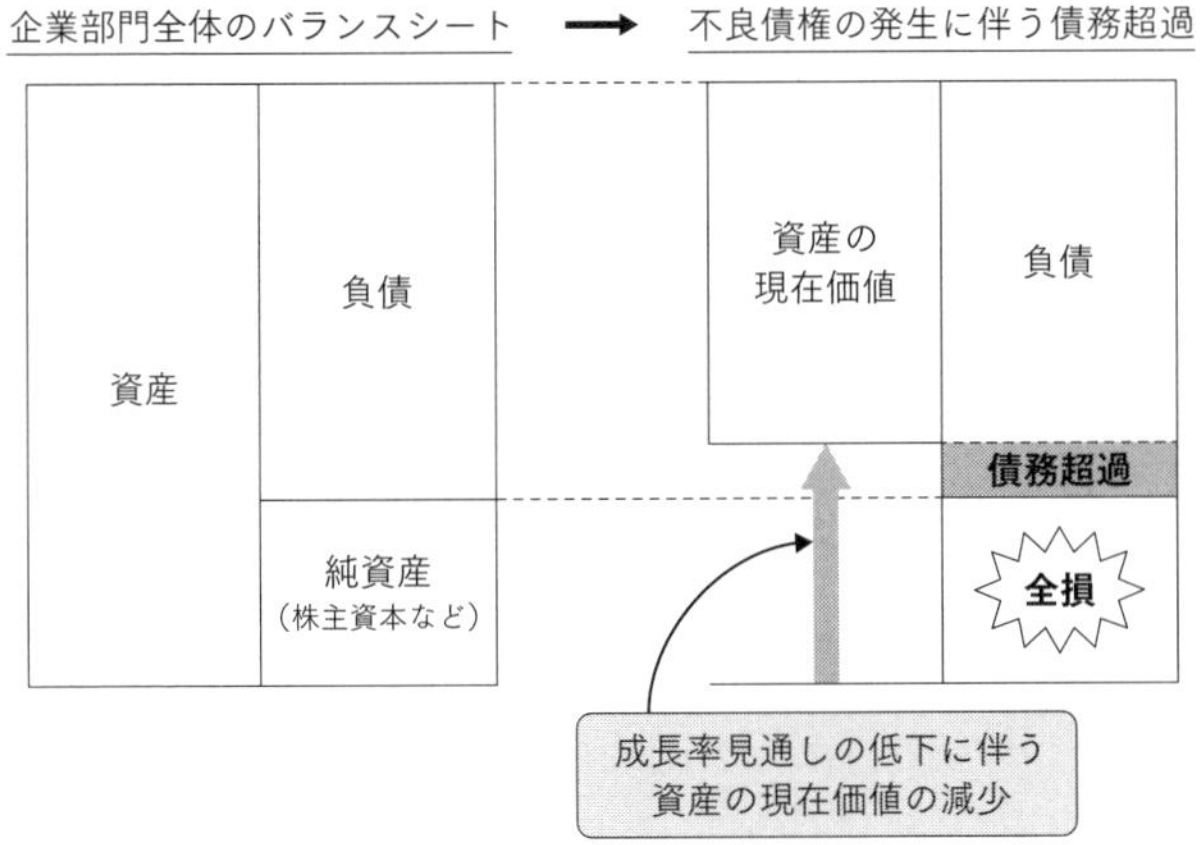

（出所）著者作成

のとなり、そこで漸く不良債権処理の最終段階に到達する。他方で、こうした不良債権の処理という構造的問題を抱えていても、景気は循環した。バブル崩壊の後始末の道筋は、決して直線的ではなかった。その最終段階は、１９９７〜98年の銀行危機以降の時期であった。

設備・雇用・債務の３つの過剰が消え、したがってバブル崩壊によって生じた不良債権の処理が一応完了したのは、２０００年代の半ば、２００５年前後であった。この過程で、様々な制度変更や個々の破綻処理の事例が積み重ねられたが、日本経済全体として概観すれば、以上のような描写が可能ではないだろうか。

このような不良債権の範囲の考え方を図示したのが**図表１－２**である。経済成長率がどうなるかという見方次第で、概念的に不良債権と分類される資産の範囲は違ってくる。その下で、企業部門に対し、株主資本などのかたちで純資産を提供している者と、銀行貸出のように資金の返済が約定されている負債を保有している債権者が、資産の現在価値分の低下分を損失として分担しなくてはならない。一般的に企業の破産処理には時間がかかるが、全ての不良債権が破産処理されたわけではない。いずれにせよ、発生した損失をどう分担するかの関係者の調整には、かなり時間がかかったのである。

バブル崩壊後、銀行危機までの7～8年間は、バブル崩壊の全体像がはっきり摑めず試行錯誤をしていた期間であり、失われた時間と言われても仕方がない。全くの後知恵だが、バブルの崩壊という問題の本質について、もっと早く日本経済全体としてのコンセンサスが形成できていたら、この時間は短縮できた可能性がある。

その上さらに7～8年をかけて、バブル崩壊の後始末が終了したことになる。その時間もまた長すぎるとの評価もあるだろう。しかし上述のように、その時間は、日本経済の成長する力が現実として低下していることを、社会全体として認識するために必要であったことも事実である。2010年代に入ってでさえ、実力を上回る高い成長率を目指し、刺激的な金融・財政のマクロ安定化政策を強化したことを考えれば、そのように長い時間がかかったことも、あるいは仕方がなかったのかもしれない。

日本経済に充満した「不振感」の根本原因は、不良債権問題が未解決であるからだとの整理の下で、そこに注力したのが3次にわたる小泉政権（2001年4月~2006年9月）だった。どちらかと言うと米国流のやり方を導入し、不良債権の範囲を確定し、損失の分担を決める過程が推し進められたと言えるのではないだろうか。確かに不良債権の処理は2000年代央に一応の完了をみた。しかし、それでも日本経済の「不振感」は十分には払拭できなかった。

以上のような15年に及ぶバブル崩壊の後始末の記憶は、その後も日本の企業部門にずっと残ることになった。生き残りを最優先に考える企業経営のあり方は、この後始末の過程の経験を通じて、規模の大小を問わず、多くの企業に根付いたように感じる。企業活動が停止してしまえば、成長の機会すら得ることはできない。保守的な経営をよしとする風潮が形成されたのもまた、避けられないことでもあった。しかし、そうではあっても、その結果、企業部門は全体としてリスクテイクに消極的になり、これも後述するが、それがまた、企業部門全体の日本経済の新しい環境への適応を遅らせることにもなった。

2

人口減少・グローバル化・デジタル化
――日本経済が直面した大きな環境変化

変化の3つの大きな流れ

前節では、日本経済の実力としての成長率の低下に、経済活動に従事する者の期待がなかなか追い付かなかったことを述べたが、そもそもそれはなぜだったのか。バブル崩壊の後始末に追われ、それが終わるまで「現在進行形」としてははっきり認識はできなかったが、日本経済が置かれた環境は大きく変わってきた。それが日本経済の成長の頭を押さえた点に、今振り返ると改めて気が付く。その環境変化がどのようなものであったかの整理は様々に可能である。前の二著では、①人口動態、②グローバル化の進展、③デジタルサービスの劇的変化の3つの大きな変化の流れに着目した。

人口動態——生産年齢人口の減少

人口動態については、高齢化、人口減少が日本経済の供給面の制約要因となり、日本経済の成長率を押し下げる側面の方がしばしば注目される。しかし、日本経済で起こったことは、個人消費の重要な核とも言うべき家庭を形成する年齢層が減少を始めた影響が、まず需要面のマイナス要因として現れたということではなかったか。

日本で、15～64歳の生産年齢人口が減少に転じたのは、１９９０年代後半である。上述のように、この時期はまだバブル崩壊の後始末の真っただ中であり、日本経済の不振の原因は、ともかく不良債権処理が終わらないためと受け止められていた。そうした中で、高齢化の需要面への影響が大きくなっていったのである。

家庭が作られ、子供が増える過程の消費は広範に及ぶ。そうしたかたちでの個人消費が、高齢化が進む中で趨勢的に弱くなってきたことが、日本経済の需要の頭を押さえた面があったはずである。ＧＤＰなどのマクロの集計量で経済のパフォーマンスを評価しようとする限り、こうした人口動態の影響から、以前と比べどうしても不良、不調ということにならざるを得ない。

そして、２０００年代からはさらに総人口も減少を始める。このような人口動態が、個人消費の総額がどう変化するかを評価する上で、マイナス要因となったことは間違いない。バブル崩壊の後始末が終了するまでの間、その点はあまりはっきり意識されなかったように感じる。他方、人口動態の供給面への影響が、人手不足というかたちではっきり浮かび上がってくるのは、２０１０年代以降のことである。

高齢化の影響は、消費の各項目にも無視できない影響を及ぼす。住宅、教育に関連する支出の中味は、家族の数が増え子供が就学する世代と、高齢者の世代では大きく違う。耐久消費財の需要についても、その主力は生産年齢人口世代が担っている。他方、高齢者が増えると、介護・医療のニーズは高まるが、この分野では広範に価格が規制されており、需要と供給の調整が、割り当てを通じて行われる部分が大きくなる。

これらを考えあわせれば、高齢化が需要の中味に影響を及ぼし、それがマクロ経済のパフォーマンスを変えたというストーリーが成立する。にもかかわらず、個人消費の評価において、バブル崩壊前と同様に、全体の嵩がどう変わるかという点が中心であった。それは現在でも同じである。

生産拠点の海外移転

1990年代以降のグローバル化については、その影響は隣国である中国経済の変化に典型的に表れている。中国の世界貿易機関（WTO）への正式加盟は2001年12月だった。その後の四半世紀、中国経済が目覚ましい躍進を遂げたことは周知の通りである。海外からの直接投資に大きく門戸を開き、最初は世界の工場として、そしてそれに続いて巨大な国内市場を海外企業に開放することで、大規模な人口を抱えていながら高度成長を遂げた。その動きと並行して、日本国内のビジネスのあり方も大きく変わった。

特に、当時「空洞化」と呼ばれた、国内の生産設備を海外に移転する動きが顕著になり、これはその後の日本経済のあり方に大きな影響を与えた。内閣府のアンケート調査によれば、製造業の海外現地生産比率は、バブル前の1980年代央には5％未満であったが、足元では約4分の1にまで上昇している（**図表1－3**）。これは、特に加工型の製造業においてより顕著だった。

海外現地生産の拡大は、当初は、1990年代前半まで続いた、傾向的な実質為替レートの円高化による輸出採算の悪化に対応したものであった。しかし、そうした動きは、

図表1-3　海外現地生産比率と実質実効為替レート

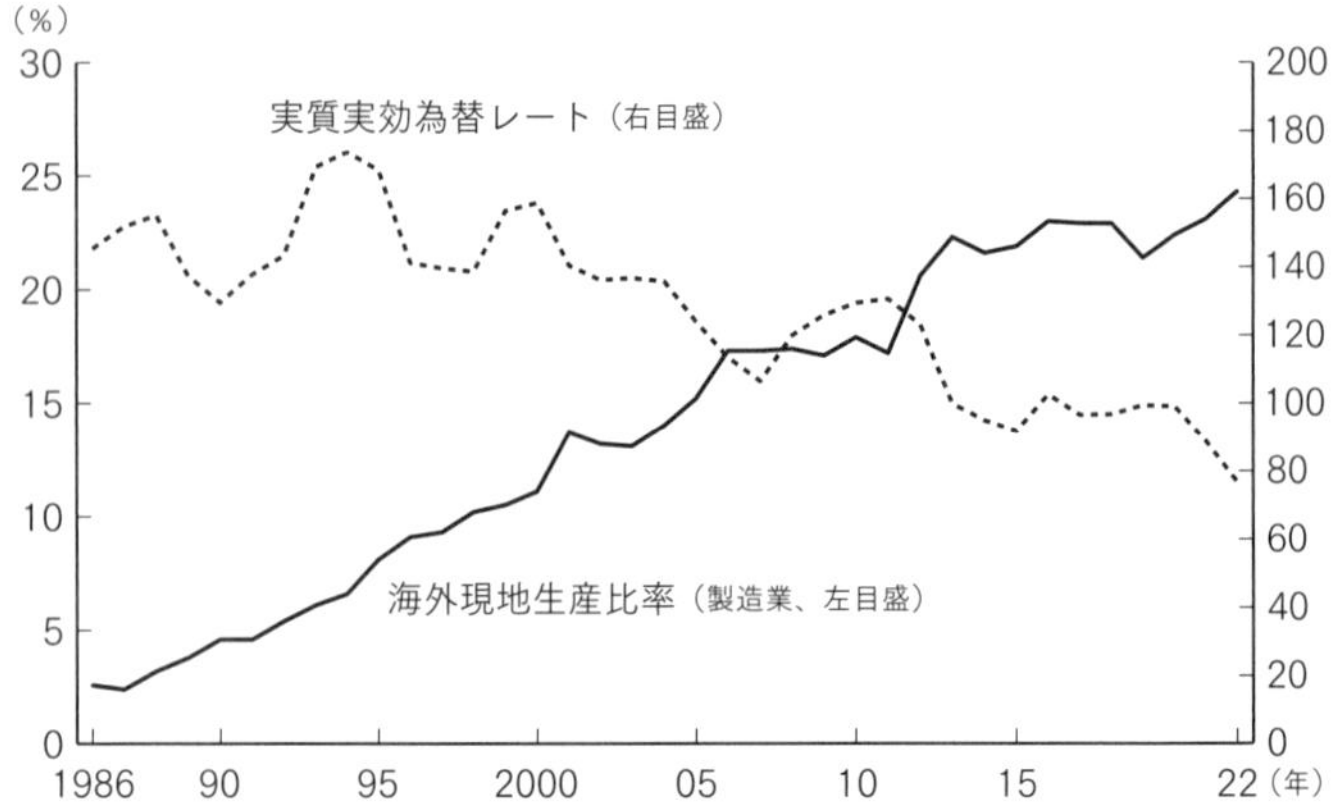

（出所）内閣府、「令和5年度 企業行動に関するアンケート調査結果」
日本銀行、「実質実効為替レート」
（注）いずれも年次。実質実効為替レートは2020年＝100の指数。

1990年代後半から実質実効為替レートのトレンドが円安の方向に変わっても変わらなかった。その点は**図表1－3**からもみてとることができる。

この頃から、上述の人口動態の影響が国内市場に表れ、販売数量の伸びが期待できない国内市場より、成長が期待できる海外市場をより意識した生産拠点配置が目指された。また生産設備は、海外に一度動かしてしまえば、為替レートのトレンドが変わっても再び国内への回帰は容易にはできないという、履歴（ヒステリシス）効果、あるいは傷跡（スカー）効果もあった。国内になくなってしまった工場をもう一度作るためには、膨大な費用がかかる。

いずれにせよ、最近まで続く製造業の生

産拠点の海外移転の傾向は、財（モノ）についての国内供給能力を低下させるもので、それは２０１０年代以降、貿易収支の黒字基調が消えてしまったことの遠因ともなった。２０１０年代以降、米中の対立、欧米とロシアの対立がより精鋭になり、グローバル化のあり様の変質がはっきりした後には、生産拠点の国内回帰の事例も出始めている。しかし、２０２０年代に入って、国内製造業の生産能力は緩やかな縮小が続いている。(5)

労働市場への影響——非正規雇用の増加

生産設備の海外移転は、国内の労働市場にも大きな影響を与えた。まず、国内の製造業が提供する雇用機会を減少させた。さらに、新たに生産拠点が立ち上がった新興国では、当初は賃金も低く、そこでの生産と競争していくために、国内の製造業では賃金コストを抑制する必要があった。

雇用機会を確保しようとする被雇用者側と、賃金コストを抑えたい雇用者側の双方の事情の結果、いわゆる非正規雇用労働者の比率が、１９９０年代後半から２０１０年代前半の約20年間、はっきりとした上昇傾向をたどった。正規雇用と非正規雇用の間には明確な賃金水準の違いがある。非正規雇用の比率を上げると、平均では、労働者１人当たりの賃金を抑えることが可能となる。

こうした非正規雇用の増加は、労働市場における制度変更によって可能となった面も大きいし、バブルの後始末の過程で著しく絞られた正規雇用の機会の裏返しとして、非正規雇用の機会に対する強い需要が生まれたことによって支えられた部分も大きい。さらに、この間に並行して進んだ情報通信技術の革新が、正規雇用を抑制し、非正規雇用を増やすことを可能にした面もある。今で言うデジタル化は、それまで正規雇用労働者に蓄積された知見があって始めて可能だった業務を、定型化し非正規雇用でも従事できるようにするものであった。

非正規雇用のウェイトを高め平均賃金が抑制されたのは、グローバル化を通じて、いわゆる要素価格均等化の力が作用したということでもある。同じ製品が新興国でも国内でも生産できるのであれば、その生産のための重要な要素である労働の価格、すなわち賃金に対して、均等化の力が作用する。事実、新興国の賃金は上昇傾向をたどり、国内の賃金は抑制された。こうした中で、国内の労働市場において、なかなか賃金が上昇しない素地が形成されていった。

さらに、非正規雇用の増加によって、正規雇用として雇用されていれば就業を通じて蓄積されるはずの労働者の知識・経験の質の劣化が起こったとの指摘もなされている。デジタル化によって補えないそのような部分があるとすれば、それは取りも直さず全体としてみた日本の労働資本の質の劣化である。上述の人口動態からすれば、15~64歳の生産年齢人口が減少を続ける中にあっては、働く者1人当たりの生産性をいかに引き上げるかが今後はさらに重要になる。にもかかわらず労働資本の劣化が起こってしまっては、これからの経済成長にとってもマイナス要因となる。

物価面への影響──「デフレ」の世界へ

バブルが崩壊し、日本経済がその後始末に追われていた時期、国内ではよく「価格破壊」が言われた。生産設備の海外移転が進む中で、なお存在していた内外の生産コストの違いを反映した廉価な輸入品も入ってきた。理屈上は、貿易することができる財（モノ）の価格が下落しても、例えば貿易できないサービスの価格が上昇すれば、全般的な物価水準がどうなるかは分からない。しかし、上述のように、グローバル化の中で製造業では、平均賃金を抑制する力が作用した。また、非製造では、相対的に低賃金の非正規雇用労働者を使うことができたため、その分、生産性改善のインセンティブが強まらなかった可能性もある。さらに、非正規雇用が増加する中で、生産要素としての労働の質が劣化したかもしれない。そうした変化は、いずれにせよ生産性に悪影響を与えるものであり、したがって賃金上昇を抑制する。

これらが総合的に、これまで「デフレ」と呼ばれてきた現象を生み出してきたと考えることができる。日本のデフレは、マクロ的に大きな需要ショックが入ると、財（モノ）の価格が大きく下がり、他方でサービスの価格はほとんど上昇しないというものであった。そのサービス価格は賃金の影響を大きく受ける。グローバル化の中で、財（モノ）の価格は下がり、賃金の抑制からサービスの価格は上がらなくなるかたちで、全体として一般物価は、繰り返しマイルドなデフレを経験することになった。

今日、地政学上の変化などに伴う一次産品価格の上昇と大幅な円安から、もはや価格破壊という言葉も聞かれなくなった。むしろ賃金上昇と物価上昇の連関を復活させ、労働生産性を改善して、一定の持続的なインフレを実現するところに焦点が当たっている。動かない賃金と物価、そして低生産性といった状況は、こうしてみると、実は1990年代以降進んだグローバル化のひとつの帰結でもあった。もっとも、グローバル化の影響を受けた先進国は決して日本だけではない。なぜ、日本だけが「デフレ」の世界に追い込まれたのだろうか(6)。

産業構造への影響――すばやくは変化しなかった日本経済

私たちは、一国の経済パフォーマンスを全体の合計や平均で議論することが多い。ここまでみてきたように、その全体の中味が大きく変化する長い時間の経過の中では、例えば同じ1%

の成長でも、それがどう実現されているかもかなり違うものになる。グローバル化の影響にしても、ダメージを受ける部分があっても、それ以外のところで大きく成長すれば、マイナス部分は全体の中で打ち消されてしまう。

米国を例にとれば、すでに１９８０年代の段階で、日本との貿易競争の中で、ちょうど１９９０年代以降の日本のように、国内経済は大きな変容を強いられていた。加工型の製造業を中心に米国企業は次第に価格競争力を失い、だからこそ日米間の貿易摩擦も先鋭的なものとなった。しかし、だからと言って米国が日本のような「デフレ」状況に陥ったわけではない。１９９０年代以降も、新興国経済の躍進が原因で米国経済が全体として不振に陥ることもなかった。

米国では、情報通信技術の飛躍的な発展を具体的なビジネスに結び付け、雇用を生み収益を上げる新しい企業が次々に出た。グローバル化を通じた産業ごとの有利・不利、すなわち比較優位の変化を受け入れた上で、産業構造を変えていったのである。１９８０年代後半の、日本でバブルが崩壊する直前の時期、世界の時価総額トップ10企業の半分以上を、銀行を中心とした日本企業が占めていた。隔世の感があるが、２０２０年代の今日、そのトップ10の大半は情報通信技術革命の中で大きく成長したプラットフォーマーと呼ばれる米国の企業群だ。

このことに象徴されるように、米国経済は、グローバル化の中で比較優位を失った分野から新しい高生産性分野へと、全体としてみれば、労働、資本の生産要素を移動させ、技術革新の恩恵をマクロ経済の成長に結び付けることに成功した。米国の産業構造は大きく変わることになった。ただし、比較優位を失った分野の労働力が丸ごと新しい比較優位を持った分野に移動したわけではない。結果的に成功と停滞のコントラストが生じる。それが現在の米国社会の分断の遠因にもなっている。

日本では、1990年代以降のグローバル化の下でも、企業の勝ち組と負け組のコントラストは、米国のようにははっきりとしていない。米国のような急激な産業構造の変換は起こらなかったということだろう。日本では、マクロ安定化政策や産業政策を含めた経済政策全般においても、産業構造の変換に伴う摩擦をできるだけ小さなものとすることを優先させた。

結局、日本の産業構造は、経済の置かれた環境が速いスピードで変化したにも関わらず、必ずしも十分にすばやくは変化しなかった。そして、明示的に意図されたわけではないが、結果として、経済政策全般もそうしたゆっくりした調整を支持してきた。実際、この間の日本の失業率は、欧米先進国に比べ低いものとなっている。そのような経済政策全般のスタンスが、グローバル化の下で、欧米とは違う日本の経済パフォーマンスを生んだのであろう。

起こらなかった労働者の流入

ところで、これは人口動態に関係することだが、例えば米国の人口は現在でも増加している。それには、移民の家族での高い出生率が貢献している。欧州でも、元々そこに住んでいる人について人口が減少を始めた国が出ているが、移民を受け入れているので、全体としては人口減を避けることができている国が多い。

海外からの労働者の流入には、人口減少による成長率の低下を緩和する面がある。また、海外からの多様な人材の受け入れがイノベーションを生み出す上でプラスに作用するところもある。経済学の著名なジャーナルに掲載されている論文の著者名をみても、今日、実に様々な出自を思わせるものがたくさんある。

しかし、移民の受け入れが、他方で社会の分断の背景の1つとなっている点については、すでに触れた通りである。日本の社会は、この面でも大きな変化を避け、保守的に対応してきた。今後の人口減少がもたらす本格的な人手不足の下で、海外からの労働者の流入は次第に増えていくだろう。この面でのグローバル化の進展は、日本社会にとってはこれからの問題である。

デジタルサービスの劇的変化

日本経済が置かれた環境変化の潮流の最後に、デジタルサービスの劇的変化について考える。すでに述べたように、今日、米国の企業群がインターネット、スマートフォンなどを使った様々なサービスを提供するプラットフォームを独占している。コロナ禍が明けた後の世界経済で、マクロ経済のパフォーマンスとしては、米国が独り勝ち的な状況となっているのも、そのようなプラットフォーム企業に連なるサプライチェーンが牽引しているためと言って良い。日本企業はデジタルサービス化の流れに乗り切れず、最近では対外収支における「デジタル赤字」も拡大している。(7)

日本でも、インターネットは1990年代後半から普及し始め、2000年代に急速にその利用が拡大した。総務省によれば、2010年代に個人の利用率は約80%に達した。またスマートフォンは、それに少し遅れて2010年代から普及し始め、これも総務省によれば、2020年代には世帯保有率90%近くに達した。

このように、デジタル化の進展を象徴するインターネットとスマートフォンの普及は、ほんのこの20年間程度の出来事である。それらを通じ、今日、利用可能な身の回りのデジタルサービスのほとんどは、米国のプラットフォーム企業によって供給されている。もちろん、機器の一部に日本製の部品が使われている例はたくさんあるが、サブスクリプションが増えてきたソフトウェアの利用については、その多くが米国企業の収入となっている。

対外収支のデジタル赤字も、こうした展開の中で生じているものであり、それは当分解消しそうにない。米国のプラットフォーム企業は、製品の生産には必ずしも焦点を当てず、その製品を通じて提供されるサービスを重視することで大きく成長した。そして日本企業は、製造業を中心に新たに形成されたデジタルサービス供給のサプライチェーンに組み込まれていった。

家計の所得水準の上昇に伴い、消費全体に占めるサービス支出の割合が増えていくことは、かねてより知られている。近年のデジタル化の過程で、その中でもデジタルサービスのウェイトが増加してきた(8)。それは、家計消費に占める通信費の割合の上昇にも顕著に表れている。デジタルサービスの供給における限界費用は、他のサービスに比べかなり低いと考えられる。デジタルブックのケースなどでは、限界費用はほぼゼロと言って良い。

限界費用が非常に小さいビジネスの場合、その提供価格が限界費用に収斂していくとすると、そのビジネスのライフサイクルの初期段階で、どれだけ販売を伸ばせるかで、最終的にそのビジネスから得られる総収益が決まる面が大きいことになる。ゲームソフトなどはその典型である。

このようにデジタルサービスは、その需要は拡大してきたが、1つ1つのサービスをとってみれば、そのライフサイクルは財（モノ）に比べ一般的に短い可能性がある。したがって、企業が長く存続していくためには、次々に新しいサービスを生み出していかなければならない。デジタルサービス分野の企業のダイナミズムはそうしたものであり、財（モノ）の供給とはまた違ったものだと言える。

翻って日本の製造業は、総じて良質の製品をより廉価に提供するところに力点を置いてきた。生産工程を効率化し、低コストでより高品質の製品供給を可能にした企業経営のダイナミズムは、日本企業の高度成長を支えた重要な要素だった。しかし、デジタルサービスのビジネスにおいては、それとは違うダイナミズムになっているということである。

日本の製造業が、20年間程度でその企業経営のダイナミズムをデジタルサービス仕様へと大きく舵を切り換えることは、そもそも難しかっただろう。結局、製品の価格競争力を維持するため、不採算の生産は海外に移転し、国内の労働コストを削減するため正規雇用を抑制し、労働不足は非正規雇用により補完する展開になった。

デジタルサービスを供給する米国のプラットフォーム企業群は、その社歴が相対的に短い。また、製造業がそのビジネスを変化させてプラットフォーム企業になったケースは少数派と言って良い。新しい情報通信技術を使いデジタルサービスを供給するビジネスを生み出すには、

図表1-4　企業の実質成長率の見通し

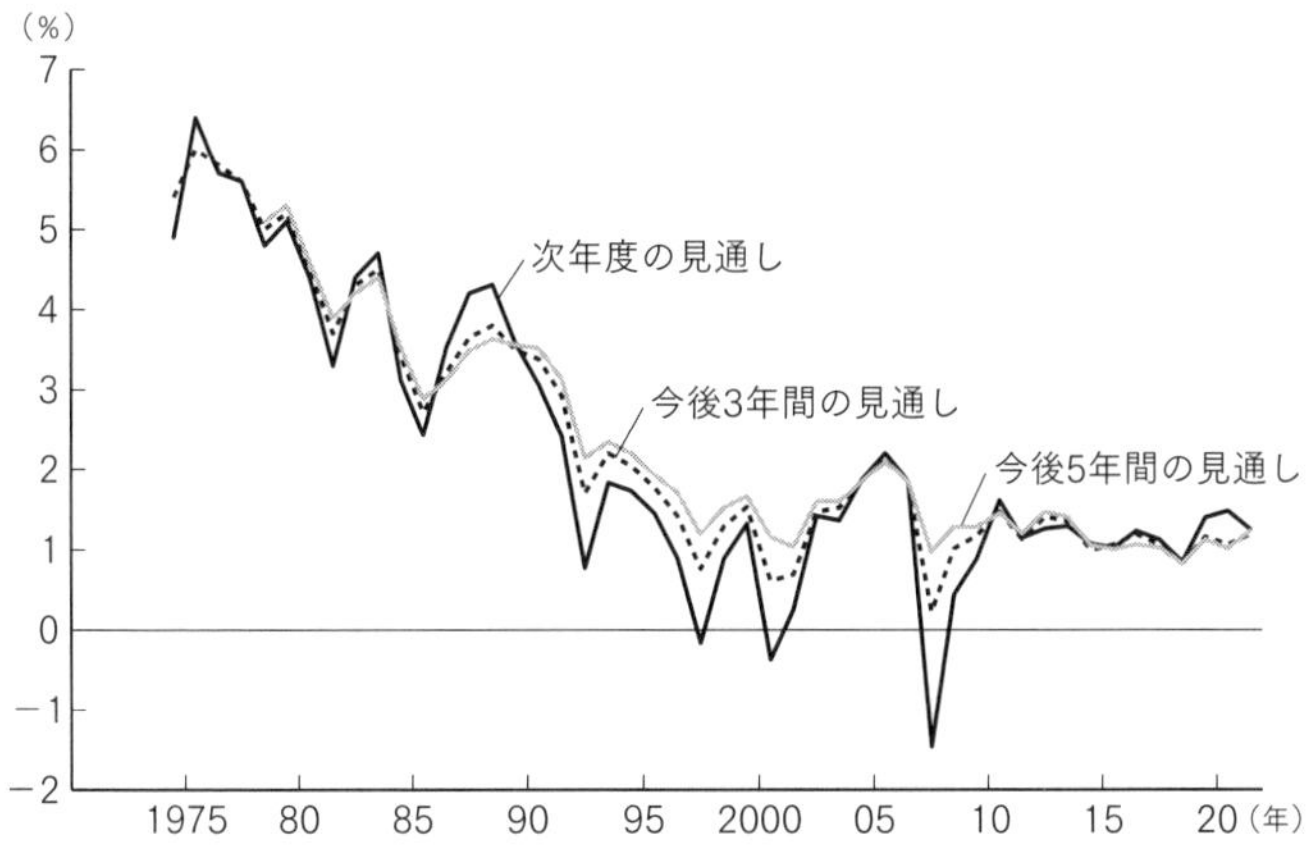

（出所）内閣府、「令和5年度 企業行動に関するアンケート調査」
（注）全産業ベース

どうしても新しいタイプの企業組織が生まれる必要があった。今日、スタートアップ企業の重要性が強調されているのも、そうしたことを背景にしたものだろう。

もっと企業のリスクテイクが必要だった

以上、本節では、1990年代以降、日本経済が置かれた環境が大きく変わってきたことを、①人口動態、②グローバル化の進展、③デジタルサービスの劇的変化の3つの側面からみた。2000年代央にバブル崩壊の後始末が終わった後も、これらの要因が複合的に作用し、日本経済の成長の頭を押さえた。

企業の期待成長率も、そのような現実を織り込むかたちで次第に低下した（**図表1－4**）。

期待成長率の下振れはまた、企業のリスクテイクの姿勢、すなわち新規の雇用や設備投資への積極性を後退させたはずである。そうした負のフィードバックは、少なくとも2000年代まで継続した可能性がある。と言うのも、図表1-4をみても、成長率の期待値が、次年度のものよりも、今後3年間、5年間とより長い期間のものになるにつれてより高いという状態が1990年代以降、約20年間続いていたことが分かる。マクロ経済がもっと高い成長に戻るという企業の期待は、この期間、裏切られ続け、それがリスクテイク姿勢を後退させたと考えられるのである。

日本経済の潜在成長率の分析においては、多くの場合、資本投入、労働投入、全要素生産性の3要因が考慮される。(9) 1980年代には4%程度だった潜在成長率は、最近では1%程度、あるいはそれ以下にまで低下しているという評価が多いが、それには資本投入、すなわち企業による設備投資の寄与が大きく縮小したことが影響している。今後の人口動態の下では、労働投入の増加はあまり期待できない。また全要素生産性の改善のためには、労働の資本装備の充実が不可欠だが、それもまた企業の設備投資によって実現する。

このように、実際の成長率が企業の期待成長率を裏切り続ける状態が続いたことが、企業による設備投資を抑制し、それが日本経済の潜在成長力を低下させてきたと考えることができる。そうした負のフィードバックを打ち切るためには、本章でみたような日本経済を取り巻く環境変化を見据え、新しい成長のために企業がもっとリスクテイクできる環境を実現する必要があった。マクロ安定化政策を含む経済政策全般においても、その点がもっと意識されるべきだったのではないかというのが本書の問題提起の１つである。

実際には、日本経済から不振な感覚を払拭できない最大の原因は、「デフレ」だと診断された。そのため、２０１０年代のマクロ安定化政策では、金融面からの需要刺激が積極的に行われた。しかし、ここまでみてきたような大きな経済環境の変化に対する供給面の対応が未了な状況では、どれだけ金融面からの需要刺激を行っても、日本経済から不振という感覚が消えることはなかった。そして、実効性のある成長戦略が実行に移されなかったこと、また、費消されてしまう追加需要としての財政支出も、結局のところ不振感を払拭することにはならなかったのである。

3　2020年代――経済環境のさらなる変化

2020年代の新しい経済環境

2020年代に入って、日本経済が置かれた環境は、さらにまた新しいものへと変化している。上述の①人口動態については、そのトレンド自体は変わっていない。しかし、団塊の世代がいよいよ後期高齢者となり、社会保障制度を高齢化・人口減少の下で持続可能性なものとしなければならない点は、さらに緊急性が増している。この点は第5章でまた触れたい。一方、②グローバル化に関しては、景色は2010年代から大きく変わり始めた。この点についてまず概観しよう。

2000年代の終わりにかけて起こった国際金融危機は、それ以前の、グローバルに展開した市場化、効率化、金融化などの動きの行きすぎの結果でもあった。その反動が、その後のグローバル化のあり方を変えてきたところがある。中国が米国との対立姿勢を強めるようになったのも、国際金融危機以前のグローバル化の帰結として、米国主導の世界経済秩序が形成され、その負の部分の顕現化に対し、中国なりに対抗しようとするものなのかもしれない。

欧米社会においても、行きすぎた市場経済化への反省の動きが様々なかたちで強まった。すでにみたように、マクロ経済のパフォーマンスとしては、デジタルサービスの劇的変化を経済成長に繋げることができた点で、これまでのところ米国の独り勝ち的な状況にある。また、先進各国の事情をみると、程度の差はあるが、社会の中での勝ち組と負け組のコントラストは一層はっきりし、色々な面で社会の分断が起こっている。

国境を越えて動く資本は、新興国の経済発展の原動力の1つであったが、急速な経済の変化は、新興国の社会の求心力を保つ上で、新しい問題をはらむものでもあったようだ。新しい変化に順応できた者とそうでない者の対比は、新興国でも見受けられる。そのため、一部の新興国では社会的な意思決定を民主的に行うというよりは、むしろ集権的に意思決定を行うことで、国家としての求心力を維持しようとする動きも出ているように思われる。

そうした中で、2020年代の世界は、全ての国と地域がひとつのマーケットで繋がるというよりは、これまでよりも分断されたものへと変化している。そのような変化は、日本経済の比較優位をまた新しいものに変える。日本の高度成長は、冷戦構造下の東西分断の中で、欧米先進経済への追い付きというかたちで実現した。その追い付きの過程はもはや終わって久しいが、新しい分断については、戦後、後から先進国に追い付いた日本経済にとって、直ちに不利ということではないかもしれない。

例えば、グローバル・サプライチェーンを友好国の間だけで張り直すという動き（フレンド・ショアリング）の中で、内外の企業が日本国内への投資を活性化させているという報道もよく目にする。また、世界の貿易の動きについても、中国と先進国が相互に依存度を増すという傾向はもはや続かなそうだ。

日本の名目の輸出入金額について、相手国別にウェイトの変化をみると、これまで対米、対中国でかなり大きく変化してきたが、足元でこれまでとは違う新しい動きが始まっているとまでは言えない（**図表1－5**）[10]。しかし、日本経済の今後を考える上では、こうした貿易の構造が新しいグローバル化の下でどう変化していくかが非常に重要である。これまで日本経済に影響を与えてきたグローバル化の諸条件は、明らかに変わりつつある。

一方、③デジタルサービスの劇的変化については、人口知能（ＡＩ）が、深層学習のイノベーションを経て、生成ＡＩのかたちで急速に進歩している点が注目される。すでに多言語モデルは広く使われるようになっており、デジタルサービスの供給もそれに伴ってまた新しい次元に入りつつあるようだ。インターネットについても、Ｗｅｂ３と呼ばれる分散型のものへと進化していくと言われている。そのネットワークの進化の上に、分散台帳技術の進歩が重なることで、小口決済などの面で世の中のインフラストラクチャーが刷新されていく可能性も出て

図表1-5　日本の輸出入金額の相手国別シェアの変化

1. 輸出　（%）

	日本→米国	日本→中国	日本→それ以外
1960年代	30.7	3.0	66.3
1970	25.4	3.1	71.6
1980	52.7	6.3	41.0
1990	44.3	6.9	48.8
2000	35.9	20.8	43.3
2010	18.4	18.7	62.9
2020	18.4	21.0	60.7

2. 輸入　（%）

	米国→日本	中国→日本	産油国→日本	それ以外→日本
1960年代	30.1	1.9	7.7	60.4
1970	32.4	3.8	25.4	38.4
1980	20.5	4.5	14.8	60.2
1990	22.7	10.2	7.6	59.4
2000	13.5	19.6	11.3	55.6
2010	10.0	22.9	10.5	56.7
2020	10.7	23.4	23.4	42.5

（出所）国際通貨基金、"Direction of Trade"
（注）ドル建ての名目金額のシェア。2020年代は2000〜2022年。ここでの産油国はサウジアラビア、UAE、クウェート、カタールの4カ国。

きている。

並行して、モノ造りの面でも、ロボティクスは引き続き進化しており、非常に微細な動きを機械ができるようになっている。より一般的にはアクチュエーターと呼ばれる機械群が、一層能力を高めつつあるAIによって制御され、人間と一緒に働くという場面がますます広がっていくだろう。そうした展開の中で刷新されるモノ造りのあり方は、日本企業にとって新しい挑戦の機会である。

このように、デジタルサービスの面でも、モノ造りの面でも、新しい技術がビジネスを変えつつある。現在のインターネットとスマートフォンを使ったデジタルサービスの隆盛がいつまでも続くわけではないだろう。日本企業が、再びリスクをとって新しい技術を具体的なビジネスに結び付ける挑戦をすれば、日本経済の新しい成長のきっかけとなるはずである。

新しい経済環境でのマクロ安定化政策

本章でみてきたように、1990年代以降の経済環境の大変化を経て、コロナ禍後の日本経済は、いよいよまた新しい違う局面に入ったようである。これは、様々なマクロ経済指標からもみて取ることができる（**図表1－6**）。物価面では、2020年代、この30年間、経験したことがないインフレに見舞われている。成長率も、コロナ禍の大きなショックを経て、ごく足元では総じて回復が続いている。そうした中で、失業率は低位で安定しており、いよいよ人手不足が顕現化している。

そうした変化を受け、金融政策はマイナス金利を脱し正の政策金利の世界に戻っているが、それでもインフレ期待を目標の2％にしっかりアンカーするため[11]、上述のようなマクロ経済の

図表1-6　日本経済の局面変化

1. 実体経済

	インフレ率（％）	成長率（％）	失業率（％）
2000年代	－0.3	0.4	4.7
2010年代	0.5	1.2	3.6
2020年代	1.3	－0.2	2.7

2. 金融市場

	短期金利（％）	長期金利（％）	国債残高比率（％）	ドル円相場
2000年代	0.134	1.449	92.8	111.97
2010年代	0.028	0.479	146.5	101.22
2020年代	－0.032	0.185	180.4	120.39

（出所）日本銀行、財務省、総務省、内閣府
（注）いずれも各年の平均。インフレ率は消費者物価（総合）前年比の年平均。成長率は実質GDP成長率（暦年）。失業率は各月の年平均。短期金利は無担保コールレート（オーバーナイト物）の月平均の年平均。長期金利は10年物国債利回りの日次データの月平均の年平均。国債残高は一般会計公債残高の対名目GDP比率（年度）。ドル円相場は17時時点の東京市場のスポットレートの月平均の年平均。
2020年代は2023年9月まで。

実態からすれば非常に緩和的な金融環境が維持されている。その影響は為替レートに特に強く出ており、円の為替レートは、購買力でみれば40年来の円安圏内にある。

一方、財政政策では、団塊の世代が後期高齢者の年齢に到達し、いよいよ現在の制度のままでは社会保障関係の赤字拡大が加速しそうだ。政府債務の対GDP比率も足元では200％を大きく超す非常に高い水準となっている。もっとも、名目GDPの成長率上昇もあって、毎年の財政赤字幅には縮小する力も作用している。

経済の供給構造を変えていく面では、インフレ率の高まりが、相対価格が変化

しやすい物価環境を作り、それが企業のリスクテイクを変えつつあるようにもうかがえるが、この点はさらに検証する必要がある。しばしば「デフレ」こそが問題と言われてきたが、その根底には、企業部門による経済環境の諸変化への反応という意味でのリスクテイクが積極化してこなかったこともあったはずである。低インフレ化の下で、相対価格が動かなくなったことが、そうした企業のリスクテイクの保守化をもたらした一面があるとすれば、交易条件の悪化によりもたらされたインフレであっても、それが何かしらの変化の触媒となり得る。

経済の供給面の変化に向けた動きが、今後、傾向的に強まっていくかどうかはなお不確実だ。財政支出の面でも、産業構造を全体として変えていこうとするイニシアティブは決して強いとは言えない。かつて「第3の矢」と呼ばれた構造改革には、長い間、掛け声だけでなかなか本質が結実しないところがある。経済の正の外部性が存在する分野において、財政政策が効果を発揮し得る余地はなおあるはずである。

次章以降では、日本経済がコロナ禍の時期を過ぎて、これまでとはまた違うフェーズに入ったようにみえる現状を踏まえ、これからの金融・財政のマクロ安定化政策はどうあるべきかを考えてみたい。マクロ経済の諸条件に変化がみられるこの機を捉え、日本経済にダイナミズムを取り戻すにはどうすれば良いか。それに資するマクロ安定化政策とはどういうものか。これまでは10年に1回程度あった大きな需要ショックは、おそらくこれからも起こるだろう。マクロ安定化政策は、それにも備えなくてはならない。

新しい環境という意味では、すでに何度か触れた社会の分断も、経済のあり方に影響を与える。今日の先進国において、民主的な手続きを重視しつつ、一定の社会の求心力を維持していくことは難しさを増しているように見受けられる。マクロ経済の成長の結果として貧富の差が生じ、それが社会の分断の一因になっているとすれば、どのようなかたちで経済を成長させるかということも重要になる。

社会の意見を集約するコストへの配慮から、集権的な意思決定を認める事例は、例えば古代のローマにおいてもあった。しかし、そうしたやり方は、有能な意思決定者が続く間はうまく機能するが、最後にはうまくいかなくなったというのが歴史の教えるところだ。第2次世界大戦の終わりの時期に英国の首相となったウィンストン・チャーチル卿の「民主政治は最悪の政治形態だ。他の全てのものを除けば」という言葉は、そうした歴史を踏まえてのものだろう。

今日、日本国民の大多数は、自由、平等、法治といった、社会の求心力を保つ上で大切な社会的価値を尊重している。経済の成長を議論する際にも、同時にそれらの価値も大切にすべきである。社会の分断というコストを払っても、より高いマクロ経済の成長率が実現した方が良いという議論にはならない。こうした観点は、本書で扱おうとする範囲を超えるが、後述するように、財政政策には、マクロ安定化政策としての側面だけでなく、所得の再分配という重要な機能がある。そうした財政政策の性格も踏まえ、マクロ経済の安定的な発展を考える必要がある点は忘れないようにしたい。(12)

1 神津多可思、『「デフレ論」の誤謬』（日本経済新聞出版、2018年）の第1~2章および『日本経済 成長志向の誤謬』（同、2022年）の第1~2章を参照。

2 ネット・キャッシュフローとは、企業の一定期間における総収入から総支出を差し引いた正味のキャッシュフローのことで、主として株主に還元されるものである。ここでは、本来は1つの企業について考える際に使われるそのネット・キャッシュフローの概念を、マクロ経済に適用し日本経済全体の不良債権の額を概念的に捉えようと試みている。ただし、GDPは1つの経済が生産する付加価値の総額を捕捉しようとするものなので、その全てが株主に帰属するわけではない。その意味で、労働分配率の変動や、企業の内部留保の存在は無視した議論になっている。

3 「マクロ経済全体にとっての金利」については、第4章でさらに詳しく考える。

4 成長率の実績と企業の成長率に対する期待の間に、負のフィードバックがあった可能性については、本章の第2節で触れている。

5 経済産業省が作成している「製造工業生産能力指数」は、2020年代に入って緩やかに低下している。

6 渡辺努、『世界インフレの謎』（講談社現代新書、2022年）では、先進国の中で日本だけがデフレに陥った背景として、消費者が価格上昇を受け入れなくなった点に言及している。本書では、企業側の事情に焦点を当てており、消費者側の価格に対する選好には触れていないが、日本のデフレは、本来、供給側と需要側の事情が相互に作用する中で定着していったと考えられる。

7 デジタル赤字については、松瀬澪奈、齋藤誠、森下謙太郎、「国際収支統計からみたサービス取引のグローバル化」（日銀レビュー、2023-J-9、2023年8月）を参照。

8 内閣府「令和2年度年次経済財政報告」の第4章では、電子商品取引（eコマース）、インターネットを活用したシェアリング、サブスクリプションに注目して、このような家計消費の変化を分析している。

9 潜在成長率の推計方法については、例えば、川本卓司・尾崎達哉・加藤直也・前橋昂平、「需給ギャップと潜在成長率の見直しについて」、日本銀行調査統計局、2017年4月を参照。

10 図表1－5をみると、まず日本の輸出については、対米国では1980年代の日米貿易摩擦の時期にシェアが大きく拡大したが、その後、傾向的に輸出相手国としての米国の比重は低下している。他方、中国が2000年代以降、重要な輸出相手国になっている。米中摩擦の中で、これが今後どう変化していくかが注目される。この間、米中以外のシェアが2010年代以降増加しており、グローバル・サプライチェーンの張り直しの中で、この傾向は続いていくものと思われる。一方、日本の輸入に目を転じると、2000年代以降、中国のシェアが大きくなってきたが、これも今後どうなるか不確実である。また、産油国からの輸入は、原油価格の上下に応じて増減を繰り返しているが、これが脱化石燃料の動きの中で今後どうなっていくかも注目される。

11 アンカーするという表現は、経済主体のインフレ期待が、マクロ的にみて、例えば2％の近傍でしっかりと

12

安定するという意味で使われることが多い。錨を降ろすという英語に由来するが、期待を安定させるニュアンスが出ていると感じられるので、本書でもアンカーという言葉を使用する。

本書では、所得の再分配のあり方がマクロ経済のパフォーマンスにどう影響するかという点については考察していない。それは、重要でないと考えたからでは決してなく、あまりにも大きな問題であり、著者にはカバーすることができなかったからである。この点については、例えば、オリヴィエ・ブランシャール、ダニ・ロドリック編著『格差と闘え―政府の役割を再検討する』（慶應義塾大学出版会、２０２２年）において、様々な角度からの議論が整理されている。

第2章

あるべきマクロ安定化政策の姿

1　1990年代のマクロ安定化政策

マクロ安定化政策の基本的性格

マクロ安定化政策という時、それが金融政策であっても財政政策であっても、景気の循環に沿って反循環的（counter-cyclical）にそのスタンスを変化させる点が意識される。大きな景気の変動は、家計、企業が消費、投資等の経済活動をする際の様々な調整コストを大きくする。他方、全く景気循環が起こらない経済では、新しいイノベーションを活かした経済の供給構造の変化が遅れる可能性がある。

第3章でまた立ち返るが、景気循環を引き起こす要因には、自国経済に起因する内生的なものもあるし、海外要因による外生的なものもある。マクロ経済が長い目でみて持続的に成長していくためには、その内生、外生の両要因に反応し、経済の構造が変化しなくてはならない。そうではあるが、その変化のスピードが速すぎると、今度は経済活動へのダメージ、具体的には企業の倒産や労働者の失業の規模が大きくなりすぎて、そのマイナスの影響が長引くことになる。

景気循環に沿って動くマクロ安定化政策は、景気拡大が行きすぎてバブル的状況を引き起こすことを避け、かつ景気後退が深刻になりすぎて経済活動の停滞が長期にわたることも避けようとするものと言える。景気の拡大、後退は、それぞれに長期的にみた経済の発展に貢献する。しかし、景気の振幅が大きくなり行きすぎれば、長期的にみた成長率もおそらくは下押しされる。それは大きな景気の振幅は将来に向けての不確実性を高め、また深すぎる景気後退は経営者の保守的な姿勢を強め、いずれも企業のリスクテイクを抑制すると考えられるからである。また、行きすぎた景気の過熱は要するにバブルであり、後始末のコストの大きさは日本経済が身を持って経験してきたところである。マクロ安定化政策は、そのいずれをも避け、適度な景気循環を実現しようとするものであるはずだ。

そのようなマクロ安定化政策であるが、財政政策には、それ以外にも所得の再配分や本書が強調しているマクロ経済の供給構造の変化を促すなど色々な機能が期待される点はすでに指摘した通りだ。そのため財政政策には、マクロ経済の安定化ばかりを求めることはできない。

これに対し、政策金利を変更させる伝統的な金融政策は、基本的に分配の問題には立ち入らず、また経済の構造についてもそれを積極的に変えることを意図したものとは位置付けない場合が多い。あくまでも、物価の安定を通じてマクロ経済を安定させるのが金融政策だと一般的に整理される。その意味で、特に金融政策にあっては、景気循環に沿って動く物価、経済成長の変動を、適正な範囲内に留めるというマクロ安定化の機能が、本来はより注目されるべきであろう。

以下、本章では、1990年代以降のマクロ安定化政策を、時系列を追って振り返る。それを通じて、過去のマクロ安定化政策の理解に誤謬がなかったかを考えてみたい。1990年代は、何と言ってもバブル崩壊の後始末が焦点であり、金融政策でも財政政策でも、景気の平準化という観点はあまり意識されなかったのではないか。それほどまでに、バブルの崩壊は強烈なインパクトを日本経済に与えた。

そして、2000年代央にバブル崩壊の後始末が終了した後は、「デフレ」が日本経済の停滞の根底にある問題との認識が広まり、その「デフレ」の解消を金融政策によって図るところに力点が置かれた。「デフレ」と言ってきた現象の本質は何であったか。この点については、以下、様々な角度から検討するが、必ずしも需要の弱さだけによってもたらされたものでなかったというのが本書の立場である。

「デフレ」と言ってきたものの原因が、供給側にもあるとすれば、「デフレ」と呼んできた現象に特に注目し、その解消に向けて金融政策による需要刺激に極端に負荷をかけることが本当に良かったか。そういう疑問も残る。

バブルの崩壊への対応

１９９０年代以降の約15年間、繰り返し述べている通り、日本のマクロ経済運営上の最大の課題はバブルの崩壊に対処することだった。ごく初期には、そもそもバブルが崩壊したのかどうか自体が議論されていたし、その後は、バブル崩壊の結果としての不良債権の範囲を確定すること、さらにはその処理に伴って発生する損失を関係者がどう負担するかが問題の焦点となった。

時間の経過とともに、バブルの崩壊とは、本質的に日本経済が直面する内外の有効な需要に対して、国内の既存の供給が過大となっている現象であることが分かってきた。日本経済にとっての内外の有効な需要は、１９９０年代以降、前章でみた①人口動態、②グローバル化の進展、③デジタルサービスの劇的変化によって、バブルの後始末をしている最中にあってもかなり速いスピードで変化した。

そもそも１９８０年代後半のバブル生成も、日本経済が欧米先進国に追い付く過程が終了し、先進国と同じ土俵で、成長のための新しい源泉を探求するビジネスモデルへと、その供給構造を変えなくてはいけなくなったところで起こった。当時、日本経済にとって重大問題だった円高も、そうしたビジネスモデルへの転換が必ずしも円滑にできていなかったゆえに、日本経済にとって必要以上の重荷になっていたのだと思われる。

当時、それまでと同じ欧米先進国ビジネスへの追い付きを基本にしたやり方でまだ成長を続けることができるとの認識も、完全には払拭できていなかった。そのため、有効な需要の内容が変化しつつあることの認識も不十分であり、したがって自律的な生産要素の再配置も速やかには進まなかった。他方、マクロ安定化政策の面でも、バブル崩壊の下で、通常の景気循環における下降局面への対応を大規模にしたものがとられたと言ってよい。しかし、その上に、上述の3要因が次々に重なり、結果的に日本経済にのしかかった調整の負荷は非常に大きなものとなった。

そもそも、もっとイノベーション指向のビジネスモデルに転換しなければならないという難題を抱えていた上に、既存の日本経済の供給力で採算がとれる内外の需要が縮小を続けたのである。長期的にみて維持できない供給力の範囲は、状況の認識が深まるにつれて広がり、不良債権の範囲もそれに比例して大きくなった。このようにして、逃げ水のように、追っても追っても解決しない不良債権の問題を日本経済は経験することになった。

不良債権処理に時間がかかった背景

現時点で振り返れば、どうして最初から分からなかったのかという反省もあるが、第1章でも触れたように、概念的には、過剰の範囲は、将来の成長率予想と、将来のキャッシュフローを現在価値に割り引く際の割引率に大きく依存する。将来の成長率予想が下振れ、資産の現在価値が大きく減少すると、その減少分は負債にまで食い込む（前掲**図表1－2**）。

そのようにして現在価値が毀損してしまった資産が不良債権である。不良債権が発生した場合、株主資本などで構成される純資産は、制度上は優先して価値がなくなる。その不良債権の範囲は、これまでと同じビジネスモデルで再び成長率が回復するのであれば小さくなる。しかし、成長率の回復自体が不確実であり、そうした不確実性のために、不良債権処理には時間がかかった。

将来、成長率がもっと高いものに戻るという期待が残存する限り、不良債権の範囲はより小さく認識される。金融緩和による割引率の低下にも関わらず、その将来の成長率予想の下方修正が現実に追い付かないと、目の前の不良債権を処理したと思っても、次々に不良債権の範囲が拡大する。

不良債権とは、要するに自律的に経営を続けることができないビジネスのことである。そしてその処理とは、具体的には企業の破産であり、それに伴い発生する様々な損失の分担に決着をつけることである。1990年代、特に1997〜98年の銀行危機より前の時期は、不良債権の処理を必要なだけやったと思っても、なお新しい不良債権が出てくるという時期だった。それは単純に不良債権が隠れていたということではなく、将来の成長率の期待値が高すぎたためでもあった。

不良債権処理を進める過程において、バブル崩壊の後始末のコストを最小化する観点から、総需要の刺激は、時間を稼ぐ意味で効果的であった。その間に、供給側の過剰が完全に解消されれば良かったが、そもそも欧米先進国への追い付きのためのビジネスモデルからの脱却は短時間ではできない。高度成長という強烈な成功記憶があった日本経済だけに、旧ビジネスモデルは日本経済の随所に強固に組み込まれていた。今日でさえ、よりイノベーションを生む経済への移行はなお日本経済の最重要の課題の1つである。

その上さらに、日本経済は上記の3つの大きな変化を経験した。この間に日本経済に入ったショックの大きさは、結果的には、通常の景気後退期のマクロ安定化政策を大規模で行うというようなアプローチでは乗り越えられないほどのものであった。マクロ安定化政策が持つ、景気の循環に沿って反循環的に動き、その振れを適度なものにするものという本来の側面も、そうした大きなショックの中で次第に忘れられていった。

過度な需要刺激による供給構造変化の遅延

このようにして、バブル崩壊後の不良債権処理の過程を通じて、金融政策にも、財政政策にも、もっと高い成長を実現することが強く求められるようになっていった。将来の成長率に対する期待が当初は高すぎたこともあって、ともすれば、供給サイドの構造改革が終わらないままに、需要刺激のための金融・財政政策が恒常的にとられることになった。

そのため、今から振り返れば、自律的とは言えない供給力に対する需要も、結果的に残存させてしまうことになった。これが、金融の超緩和がいわゆる「ゾンビ」企業を延命させたのではないかという、今日の議論にも繋がっていく[13]。必要な供給構造の改革を短時間で行えば、当然、そのための摩擦的コストは大きくなる。そのコストとは、より直截には企業の倒産であり、失業者の増加である。

欧米先進国では、これも結果論だが、日本よりはダイナミックに経済の供給構造を変えたので、日本と似た、あるいは同じ経済環境の変化を経験してきたにも関わらず、日本ほど経済成長は停滞しなかった。しかし、そのため平均的にみて日本よりも高い失業率を享受してきた。

経済環境が速いスピードで変化している時には、摩擦的失業の増加は不可避である。

日本の社会においては、どういう理由であれ、雇用機会の喪失に対し強い社会的な拒否反応があった。そのため、需要刺激に主眼を置いたマクロ安定化政策は、国民の支持の上にとられ続けた。その結果、大規模な需要刺激がなかった場合に比べて、長い目でみれば自律性の乏しい供給力を残してしまうことにもなったのである。

そうした自律性のない供給力が、今日「ゾンビ」企業と呼ばれているものと言ってよいだろう。確かに失業は個人の人生を大きく変えてしまう。「ゾンビ」ではあっても、企業経営を持続させることが、社会的な正義の場合もあるだろう。企業の倒産、雇用者の失業はいつでも深刻な出来事だ。しかし、同時にそれはまた、経済全体の成長を長い目では抑制してしまうという別のコストもある。そのため、失われた時間とも揶揄され、経済が不振だという感覚も払拭できずにきた。

また金融政策に対しては、需要刺激だけでなく、不良債権処理の過程で、将来のキャッシュフローを現在価値に割り引く際の割引率をできるだけ低くして、企業価値の評価をより大きくするという要請もあった。そして、それはまた結果的に自律性のない供給力の範囲をできるだけ小さくすることにもなった。それゆえ、低金利でなければ経営を続けることができない企業群も残存した。2020年代の今日、金利ある普通の金融環境に戻っていく過程では、政策的に作り出されてきた低金利環境でなければ経営を続けることができない企業は、次第に淘汰されていかざるを得ない。そうした企業群がなおあることは、1990年代に始まった需要刺激に焦点を当てたマクロ安定化政策の今日的帰結でもある。そうであるがゆえに、そうした企業におけるビジネスモデルの転換を支援する機能を社会全体として強化することこそが、一層重要になっているのである。

そもそも日本経済にあっては、欧米先進国への追い付き型ビジネスモデルの終焉に伴う供給過剰の状態でバブルが崩壊した。その上さらに、上述の3つの大きな経済環境の変化への対応を迫られた。この間のマクロ安定化政策が、ある種の定常状態での景気循環を想定したものと大きく違ったのは当然のことだ。しかし、不良債権の処理が終わった2000年代央を過ぎても、マクロ安定化政策の主眼を需要の刺激に置いたことについては、それで良かったのかという疑問が残る。

2 2000年代〜2020年代のマクロ安定化政策

バブルの後始末が終わったところで起こった世界金融危機

マクロ的に過剰な供給力である不良債権の範囲を確定するのに、日本経済はほぼ15年を要した。それだけの時間がかかった理由について、本書で意識する点を改めて整理すれば、①将来の成長率の期待値が実態に合わせてなかなか低下しなかったこと、②経済環境の構造的な変化の進行により、過剰の範囲が拡大したこと、の2点になる。それでも2000年代の半ばには、企業部門にとっての債務、設備、雇用の3つの過剰は一応解消した。日本銀行の短期経済観測調査にある、設備と雇用についての企業の判断指標において過剰感が解消し、銀行部門全体の貸出残高の前年比がマイナスからプラスに転じたのがちょうど2000年代半ばであった。

これも後知恵だが、その段階で、いよいよここまでみてきたような経済環境の変化を認識し、経済の供給構造を日本経済にとって有効な需要に合わせたものへと新しく変えていくことに、もっと重点を置くべきであった。ところが、まだ不良債権処理が完全に終わっていなかった2001年には、米国での同時多発テロがあった。また2000年代前半には、同じく米国でのITバブル崩壊があった。国内に目を転じれば、郵政民営化の議論が盛んになされていたのが2000年代央である。

そうした状況の中で、日本経済の供給構造をさらに踏み込んで新しいものとしていくという方向性が、明確に最優先事項として意識されることはなかった。マクロ安定化政策において需要刺激を優先させる点も、大きく是正されることはなかったし、新しい日本経済の供給構造のビジョンが共有されることもなかった。そうしているうちに、2000年代後半、日本ではリーマンショックと呼ばれている世界金融危機が起こる。日本経済は再び大きな需要ショックに見舞われ、マクロ安定化政策は、それへの対応としてのさらに需要刺激強化を行うことになった。

世界金融危機が起こったのは、日本経済がこれから新しい段階へ進もうというところだっただけに、非常に悪いタイミングだった。その世界金融危機も、1990年代以降の世界経済の構造変化の結果として起こった側面がある点もすでに指摘した通りである。日本も含めてグローバルに、経済活動全般において過度な安心感が充満していたことは否めない。そうしたある種の慢心があったことが、世界金融危機後のグローバル化のあり方にも大きく影響していく。

いずれにせよ、日本のマクロ安定化政策について、この時点でも再び景気の循環に沿って反循環的に動くという、その基本的な性格が再認識されることはなかった。

最優先とされた「デフレ」からの脱却

世界金融危機は、日本発のものではなかったが、マクロ経済への影響は先進国の中で日本が最も深刻だった。2010年代に入っても回復ははかばかしくなかったが、その原因の1つは日本経済の供給面の構造変化がなかなか進んでいなかったこともあったはずだ。そうした状況の下で、次第に日本経済の不調の原因は「デフレ」にあるという考え方が定着していった。

2024年末の現在、当時言われていた「デフレ」の本質が何であったか、改めて整理する必要があると思うが、それは第3章で改めて取り上げる。ともかく、背後のロジックをどう考えるかは別に、「デフレ」でなくなることによって、日本経済の問題が解決していくというムードが高まっていった。その中で、マクロ安定化政策のうち、金融政策によってその「デフレ」からの脱却を実現しようという政治的な意志も次第にはっきりしていった。

その点は、第2次安倍政権においていよいよ明確になる。同政権は2012年12月に発足し、二度の衆議院解散を経て2020年9月まで続いた。後述のように、この期間、金融政策については、景気の循環とは関係なく「デフレ」脱却を目的に掲げ、一貫して金融緩和が強化された。これは、日本経済に残る不振感の原因が「デフレ」にあるという非常にシンプルな整理の下で推し進められたと言って良い。そのいわゆるアベノミクスの下で、日本銀行は２％のインフレ目標を明示し、量的・質的金融緩和（ＱＱＥ）に踏み切り、金融政策は異次元に入る。その異次元緩和による需要刺激もあって、株価は上昇トレンドに入り、また為替レートについても円安化が進行した。景気は拡大局面に入り、日本銀行の短期経済観測調査でみる企業の景況感も、バブル生成期以前の景気拡大局面と比べ遜色のない水準にまで回復した。

しかし、物価面では、エネルギー価格や携帯電話通信料の低下もあって、消費者物価の前年比はなおマイナス圏内を安定的に脱することはなく、アベノミクスの下で日本銀行が掲げた２％のインフレ目標も達成されなかった。そのため、景気が拡大する局面にあっても、金融政策では「デフレ」脱却のためむしろ緩和が強化される展開となった（**図表２－１**）。景気循環に沿って動く反循環的なマクロ安定化政策としての金融政策の運営には、全くなっていなかったのである。

図表２－１にもある通り、日本経済は２００８年２月に景気循環の山を越え、政策金利はその10月に引き下げられた。その後、景気循環の山は２０１２年３月、２０１８年10月の２つあるが、[14]その間、金融政策においては２０２１年に至るまで、[15]一貫して何らかの緩和強化が

図表 2-1　日本銀行の金融政策と景気循環

	日本銀行の主な金融政策	景気循環の山・谷
1999年 1 月		谷
2 月	ゼロ金利政策開始	
2000年 8 月	ゼロ金利解除　政策金利 0.25%	
11月		山
2001年 2 月	政策金利引下げ 0.15%	
3 月	量的緩和開始（当座預金残高 5 兆円程度）	
9 月	量的緩和強化（同 6 兆円程度）	
12月	量的緩和強化（同 10~15 兆円程度）	
2002年 2 月		谷
10月	量的緩和強化（同 15~20 兆円程度）	
2003年 3 月	量的緩和強化（同 17~22 兆円程度）	
4 月	量的緩和強化（同 22~27 兆円程度）	
5 月	量的緩和強化（同 27~30 兆円程度）	
10月	量的緩和強化（同 27~32 兆円程度）	
2004年 1 月	量的緩和強化（同 30~35 兆円程度）	
2006年 3 月	量的緩和解除　ゼロ金利政策へ移行	
7 月	ゼロ金利解除　政策金利 0.25%	
2007年 2 月	政策金利引上げ 0.5%	
2008年 2 月		山
10月	政策金利引下げ 0.3%	
12月	政策金利引下げ 0.1%	
2009年 3 月		谷
2010年10月	政策金利引下げ 0~0.1%　資産買入基金等を創設	
2011年 3 月	資産基金等増額	
8 月	資産買入強化	
2012年 2 月	国債買入枠増額	
3 月	資産買入強化	山
10月	資産買入強化	
11月		谷
12月	資産買入強化	
2013年 4 月	量的質的金融緩和開始	
2014年 2 月	資金供給強化	
10月	量的質的緩和強化	
2015年 1 月	資金供給強化	
12月	量的質的緩和を補完するための諸措置	
2016年 1 月	マイナス金利付き量的質的緩和（マネタリーベースを年間約 80 兆円増加）	
7 月	緩和策強化	
9 月	長短金利操作付量的質的緩和（マネタリーベースの拡大方針継続）	
2018年 7 月	強化措置	
10月		山
2019年 5 月	強化措置	
2020年 4 月	金融緩和強化	
5 月		谷

（出所）日本銀行・内閣府の公表資料より著者作成。

図られた。

他方、マクロ安定化政策のもう1つの柱である財政政策についても、東日本大震災からの復興や東京オリンピックの準備などの大型プロジェクトにかかる歳出があったが、この間の財政赤字拡大の主因は、何と言っても社会保障関係費だった。年金、医療、介護などの社会保障関連費は、需要の追加であることは間違いなく、それらの支出に伴う財政赤字の拡大は確かに需要刺激になるが、同時に常に一過性のものでもある。

この期間、消費者物価の前年比が安定的にマイナスから抜け出せなかったことからすれば、そうした財政の歳出の規模は、「デフレ」脱却には不十分であったことになる。この時期に起こった、エネルギー価格の低下や携帯電話料の引き下げの効果を打ち消すほど強いインフレ圧力を生み出す財政による需要刺激は、財政政策ではできなかったのである。そのこと自体は、第5章でみるように、財政赤字の長期的な持続可能性を担保する観点からは仕方のないことだった。

政策効果の波及経路

以上のように、2010年代は、景気循環に沿って反循環的に動くという本来の性格を消して、需要刺激に焦点を当てたマクロ安定化政策の運営が行われた。それでも、「デフレ」の解消が実現しないまま、今度はコロナ禍という大きな需要ショックに見舞われる。こうした経験を今振り返ると、そもそもまず、政策の最優先課題を、金融緩和によって「デフレ」を解消することに置けば、本当に期待したような経済状態が実現したのかという疑問が生じる。また、成長基盤の整備に重点を置かない財政赤字の拡大が、「デフレ」からの脱却という観点から適切だったかという点も改めて浮かび上がる。これらの点についても、次章以降で改めて検討したい。

2010年代のマクロ安定化政策を振り返って分かることは、①大きな需要ショックが入るとすぐに消費者物価の前年比がマイナスとなってしまう基調的なインフレ圧力の弱さを、日本銀行が行った規模の金融緩和だけで是正することは不可能だった、②高齢化に伴う社会保障制度関係の財政赤字が構造的に増加する中で、財政政策の面でも消費者物価前年比のプラスが定着するほどの大規模な歳出を行うことはできなかった、③需要刺激だけで、新しい経済環境の下での持続的な成長力と整合的な供給構造の整備はできなかった、ということになるのではないか。

そうした感覚は、当時、政策当局者の間にもあったように思う。そのため、特に異次元緩和の効果がどう顕現化するかという観点からは、期待に働き掛ける点が重視されるようになったのだろう。市場メカニズムが働く下での経済活動にあって、期待は当然に重要な要素である。しかし、金融政策運営において、そこに強く焦点が当たったことは、消去法的な展開の中でのことのような印象がある。

異次元緩和の下で、長短の、あるいは信用度の相対的に低い主体の直面する金利は著しく低下した。またこの時期、財政赤字の拡大があっても、消費者物価前年比は安定的にプラスにするほどの需要刺激には至らなかった。そうした中にあっても、さらに何かしなくてはいけないという要請から、別の政策効果の波及経路として、期待に働き掛けるという側面がより注目されるようになったのではないだろうか。

しかし、経済活動をする家計、企業の期待を、政策当局者が思ったように操作することは、当然のことながら難しい。衝撃と畏怖によって、そうしたことができると仮定することは、経済主体の合理性をある意味否定することでもある。現実には、完全に合理的ではないにせよ、政策当局が指し示すような経済状態に至るのかという点の納得なしに、経済主体のインフレ率の期待が上がり得るのかという疑問が当時から呈されていた。後講釈としては、そうしたことはやはり無理だったことになる。

にもかかわらず、期待に働き掛けることが強調され続け、効果について誰もが納得できるロジックを構築できないまま、２％のインフレ目標は実現できず、異次元緩和が強化された。金融政策は、言わば「撃ちてし止まん」的な状況に入り込んでしまったようにみえる。この点については第4章でさらに議論したい。

グローバルなインフレ率の高まりと金融政策

2020年代に入ると、日本のマクロ安定化政策を巡る環境は大きく変化する。コロナ禍という大きな需要ショックが再び入り、そこからの回復のため、それまで同様、需要刺激に焦点を置いたマクロ安定化政策が展開された。しかし、ロシアのウクライナ侵攻があり、さらにイスラエルとパレスチナの間の紛争も激化した。そのような地政学的なショックがあったことから、エネルギー価格が高騰し、さらにコロナ禍による物資移動の停滞もあって、欧米主要国におけるインフレ率は一挙に高まった。

そのインフレ率の高まりは、米中の間の対立激化に伴うグローバル・サプライチェーンの見直しの中で起こったこともあって、当初、各国の政策当局は一過性のものとみていたが、実際にはそうはならなかった。日本でも、あっさり目標としていた2%を上回るインフレになり、しかもその2%超のインフレは日本銀行や国内の多くのエコノミストの当初の予想を裏切り、2024年末現在、すでに2年を上回る期間続いている。

それでも、インフレ期待が2%にアンカーされたかどうかがなお不確実との判断の下で、金融政策では短期の実質金利を大きくマイナスとする金融緩和が続けられている。政策金利は、マイナスからゼロへ、そして0・25%程度へ、さらに0・5%程度へと引き上げられたが、それでも2%超のインフレの下で実質短期金利は先進国の中でも群を抜いた大幅なマイナスである。そのマイナスの実質金利は内外金利差を通じて為替レートに影響を与え、円レートは一時、歴史的な円安となり、その対外的な購買力も1973年の変動相場制移行以来の円安圏内にある。こうした環境の下で、金融政策は異次元緩和から普通の金融政策へと移行し、またイールドカーブ全般においても金利ある世界への回帰が進んでいる。

そうした環境の中で、今後の金融政策に関し、経済の現状を踏まえ、金融市場全体としてどの程度の緩和状況としておけば良いかが議論されるようになっている。しかし、金融政策が本来持っている景気循環に沿って反循環的に動くというマクロ安定化政策としての性格については、なお議論の焦点とはなっていない。第3、4章で、以上の論点についてまた立ち返る。

産業政策を意識した財政政策へ

他方、財政政策については、インフレに伴う名目経済規模の拡大によって、税収も増えている。しかし、それをこれまで累積された財政赤字の改善に充てるのか、まだ傾向的に高まったとは言えない経済成長率の底上げに使うのか、と言った政治的論議がまだ行われている。もっとも、経済成長のトレンドが高まらないのは、労働生産性が高まらないからであり、それは明らかに供給面の問題で、マクロ安定化政策としての財政とは別次元の話だという問題意識も少しずつ出てきている。

なお、上述の米中対立の先鋭化もあって、かつては小さな政府を志向してきた西側先進国でも産業政策重視の動きが顕著になっている。政府が主導して、デジタル革命、あるいは地球環境対策であるグリーン化などの技術革新を、自国内で加速していこうという政策の方向性だ。そういう変化が起こっているが、日本では、経済の供給面の改革に焦点を当てた産業政策としての財政支出拡大の余地は相対的に限られている。制度を変え特定の分野での企業活動の活性化を促すことや、財政支出の中味の組み換えということも考えられるが、それらは政治的な調整も難しく、なかなか進まない。そうしたこれまでの財政政策の結果、日本のストックでみた財政赤字は、歴史的にも、他の先進国に比べても、すでに著しく大きくなってしまっている。この点は第5章で再び考える。

3　日本のマクロ安定化政策の反省点

以上、１９９０年代以降を10年ずつに区切って、これまでのマクロ安定化政策を振り返ってきた。繰り返し指摘してきたように、この期間は、より高い経済成長を実現して日本経済のダイナミズムを復活させようとした30年間だった。その過程で、景気循環の振れに沿って反循環的に動くという、マクロ安定化政策が本来持っている性格がほとんど顧みられなくなってしまった。

他方、より高い経済成長を実現するために必要だった労働生産性の改善に焦点を当てた政策は、結局のところ十分ではなく、そのため日本経済に必要だった供給構造の変化も十分に進展してこなかった。それは、産業別にみた付加価値生産の構造が、米国に比べ日本ではあまり大きく変化していないところにも表れている（図表２−２）[16]。主として金融政策により、いくら需要刺激を強化しても、なかなかより高い経済成長は定着せず、結局、バブルの崩壊以降いつも付きまとってきた日本経済は不振だという感じも払拭されなかった。その不振な感じというのは、より生産性の高い分野へと日本企業のビジネスがスムーズに移動していかなかったことに起因するところも大きかったのではないだろうか。

図表 2-2　日本・米国・ドイツの産業別の実質付加価値生産額シェア

（%）

	日本			米国			ドイツ		
	2000年	2010年	2020年	2000年	2010年	2020年	2000年	2010年	2020年
製造業	19.4	20.8	20.9	13.0	12.7	11.9	21.4	21.8	21.8
情報通信業	4.2	4.9	5.4	3.7	6.0	9.4	2.9	3.8	5.4
専門・科学技術、業務支援サービス業	5.3	7.5	8.4	8.1	7.6	8.6	7.0	6.3	6.6
教育	3.6	3.7	3.6	7.1	6.2	4.9	5.6	4.9	4.1
保健衛生・社会事業	5.4	6.6	8.3	6.5	7.6	7.9	6.4	7.5	7.8
金融・保険業	4.7	4.0	4.6	7.0	6.9	7.0	7.1	4.8	4.0
ハーフィンダール・ハーシュマン指数	985	1029	1051	778	790	793	939	940	961

（出所）OECD Stat.
（注）OECDの16の産業分類で、実質のグロス付加価値生産額の合計額に占める各産業のシェアを2000年、2010年、2020年についてみたもの。
16分類とは、農林水産、鉱業、製造業、電気・ガス・水道・廃棄物処理業、建設業、卸・小売業、運輸・郵便業、宿泊・飲食サービス業、情報通信業、金融・保険業、不動産業、専門・科学技術＋業務支援サービス業、公務、教育、保健衛生・社会事業、その他のサービス。

上表では、その内、6産業のシェアを記載している。

ハーフィンダール・ハーシュマン指数は、その16分類で計算したもの。


上述のように、2000年代半ばまでは、その日本経済が不振だという感覚の根本原因は、バブルの後始末としての不良債権処理の未了にあるというのが、経済全体としての基本的な認識だった。その不良債権処理を進めるために、様々な制度の変更、企業の淘汰といった経済の供給面での改革が行われた。その間、マクロ経済に対する負のショックを和らげるため、マクロ安定化政策が需要刺激を主眼に置いたのも、自然な成り行きではあった。しかし、不良債権処理が終わった後も、日本経済の不振感は払拭されず、金融政策においても、財政政策においても、一貫して需要刺激が優先されてきた。

２０２０年代に入り、再び日本経済を取り巻く環境は大きく変化しており、これまでのようなマクロ安定化政策のあり方についても見直しが必要と思われる。日本経済の不振感を払拭し、少なくともバブル崩壊前に感じられていた躍動感、ダイナミズムを取り戻すためには、マクロ安定化政策のこれからについて、過去を振り返りつつ、この時点で考えを整理することにも意味があるはずである。

需要刺激を重視しすぎた金融政策

もっとも、景気循環に沿って反循環的に動くという観点が、過去に全くなかったわけではない。金融政策についてみれば、２０００年8月にはそれ以前のゼロ金利政策の解除があったし、２００6年3月にはそれまでの量的緩和が解除されゼロ金利となり、さらに同年7月には政策金利が0・25％に引き上げられた。[17] これらの政策変更に対しては、いずれも時期尚早との批判があり、そうした経験が今日の日本銀行の意思決定に影響を及ぼしているとの評論も多い。

これらの政策変更も、日本経済の景気循環との対比では、景気が上向いた時の金融政策の反応であり、その意味で自然なものだったと言える。しかし、供給面の変革が未了だったため、経済の不振感が拭えない状況ではそうした政策変更は不適切との意見が出たのだろう。特に2000年代の半ばまでは、不良債権処理を進めていただけに、構造的取り組みの最中に、マクロ安定化政策について緩和・引締めといった振れを生じさせること自体に否定的な見解があっても仕方がない面も確かにあった。

それでも、バブル崩壊から30年以上が経過した今、日本経済の供給構造を新しい環境にフィットしたものへと変えることは、言わば絶えざる取り組みであり、その取り組みが続く間ずっと需要刺激を続けることもまたおかしく感じられる。特に、景気の後退局面で、本来、存続できるビジネスとそうでないビジネスがふるい分けられることを思い起こせば[18]、景気循環を考慮せず、一方向で需要刺激を強化し続けることが、供給構造の変化を遅くする側面があることも否定できないのではないだろうか。

また2010年代には、「デフレ」こそが日本経済が抱える問題の根源という整理の下で、強烈な金融緩和で2年間程度と時間を定めインフレ率2%を実現することが目指されたが、結果的にそれは実現しなかった。その理由の1つは、2010年代にはすでに、今日しばしば「ノルム」と呼ばれる、価格は動かないという期待が、かなり広範に企業・家計に強く刷り込まれていたということだろう。

もっとも、2年間程度という期限を区切ることと、2%という水準を設定することの是非は別のものである。２％という水準にこだわるあまり、２０２０年代央の今日、金融緩和の度合いと経済の実情とのバランスがうまく実現されていないという批判がある。著しく低い実質金利はそのアンバランスの典型例だろう。しかし、１％程度のインフレでは、また大きな需要ショックが加わった場合、例えそれが長続きしなくても、マイルドなデフレに陥る可能性がある。それは、これまでの日本経済をみると決して否定できない。そうなれば、企業部門のリスクテイクにはマイナスに作用するだろう。新製品を出しても好採算の価格を付けることが難しいと判断される時には、企業の投資姿勢は保守化しがちになるはずである。

他方、２年間程度という期限を切って実際のインフレ率を２％にしようとしたことと、その後さらにインフレ期待を２％にアンカーさせようとして金融緩和の強化が図られたことは、相まって大きな問題を残した。事後的にみれば、達成不可能なことを実現しようとして、過剰な金融緩和の推進を行い、金融市場に大きな負荷をかけている。

非伝統的と呼ばれる積極的な金融緩和を始める前の期間である１９９０年代には、長期金利とインフレ率の間には、ごく大まかに「名目金利＝実質金利＋（期待）インフレ率」というフィッシャーの関係式が成立していた[19]（**図表２－３**）。今後、インフレ期待が２％でアンカーされれば、もう一度この関係が回復し、長期金利はおそらく２％を上回る水準に到達するだろう。

しかし、長期金利がその水準にまで上昇するまでの期間が短すぎると、日本経済に色々な摩

図表2-3　インフレ率と長期金利の関係

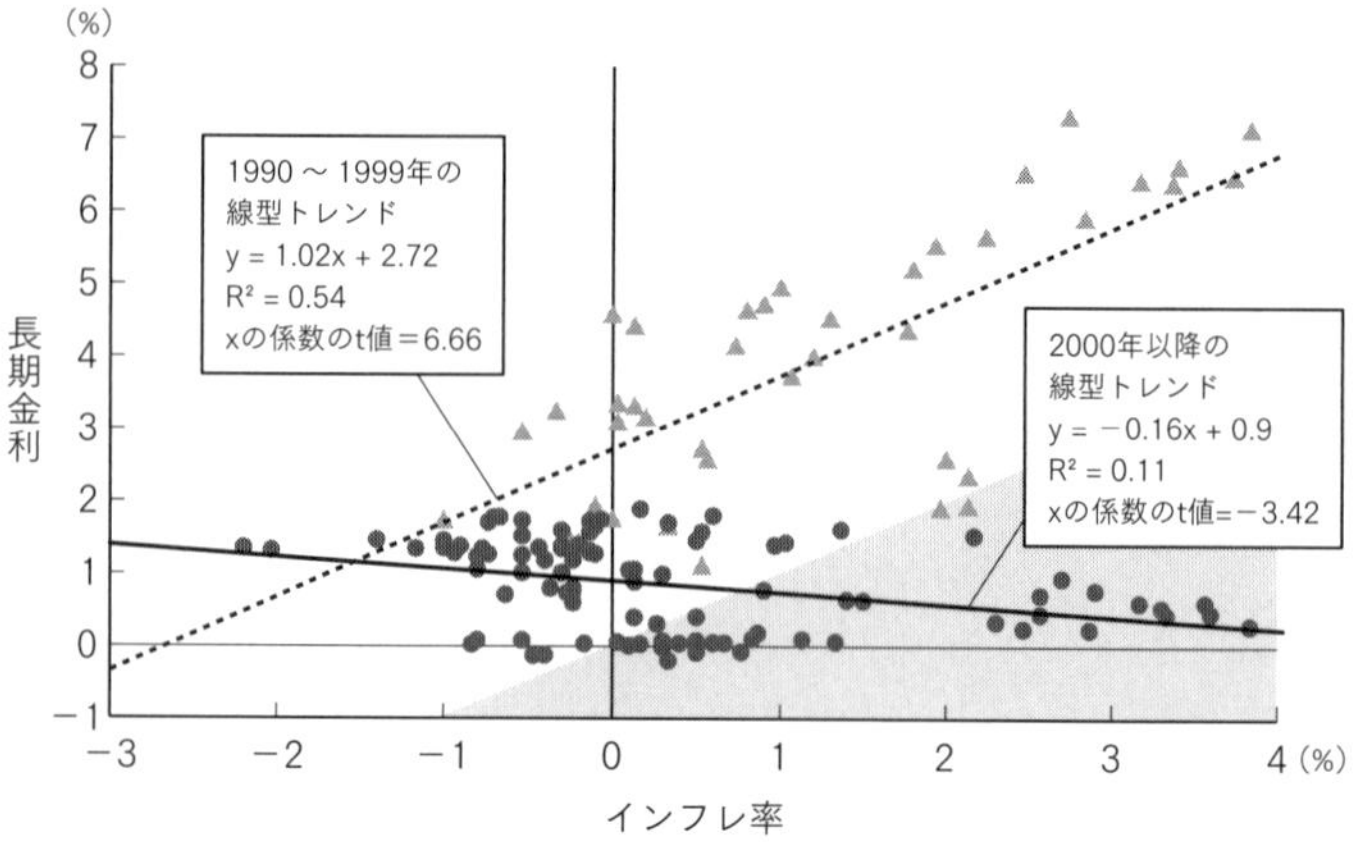

（出所）総務省「消費者物価指数」、財務省「国債金利情報」
（注）インフレ率は消費者物価（総合）の前年比。長期金利は10年物国債の流通利回り。いずれも月次計数の四半期平均。
シャドーの部分は実質長期金利がマイナスの領域。

擦が生じる。現在の極めて緩和的な金融環境の下で、長期金利の水準はゼロ金利解除後も低い水準にある。そこから、かつてのフィッシャーの関係式が成立する水準まで短時間で長期金利が上昇すれば、発行体である政府、保有者である銀行など金融機関、その金利上昇の影響を受ける企業、家計などに、広範なマイナスの影響が生じるはずである。現在の金融政策には、それを避けたいという制約がある。これまでの非伝統的な金融政策、異次元の金融緩和の結果、発行された国債の半分以上を保有するまでに至った日本銀行は、2%を超えるインフレが2年以上続く下にあっても、その制約を無視しては動けない。

今後とも景気は循環を続ける。供給構造の変化をこれまでよりすばやく進めるという観点からは、マクロ安定化政策がその循環に歩みを合わせ、緩和・引締めというサイクルを一定の幅で持つことが望ましい。しかし金融政策に関しては、上述のような新しい制約が、そうした振れを生じさせることを再び妨げるかもしれない。これらの点について、第４章で再び立ち返る。

ビルトイン・スタビライザー機能を働かせる財政政策へ

財政政策をみると、バブル崩壊後、累次の景気刺激策がとられてきたが、歳入面では３回の消費税引き上げが行われている。消費税は、１９９７年に３％から５％へ、２０１４年に８％へ、そして２０１９年には10％と引き上げられてきた。税制の変更には、政治による意思決定に時間が必要であるし、実務面の円滑さを確保する上でも同様である。したがって、マクロ安定化政策としてそれを臨機応変に行うことは制度上そもそも難しい。さらに日本の場合、基本的に、高齢化に伴って増加する社会保障の諸制度における構造的な歳入不足に対応するための消費税増税であり、マクロ安定化政策の観点だけからその対応を評価することは不適切である。他方、歳出については、すでに大幅な財政赤字を抱えているという制約がある。

したがって、マクロ安定化政策としての財政は、専ら景気循環に沿って歳入が変動することによって生じるビルトイン・スタビライザー機能に依存することにならざるを得ない。そのビルトイン・スタビライザー機能も、名目GDP成長率が高まる期間に増える歳入を、新しい歳出増のために使ってしまっては機能しない。政府の歳出規模は政治過程を通じて決まるものではあるが、その意思決定の際にこの点が考慮されないと、景気循環の平準化に関して金融政策の負担がより重くなる。

また、財政赤字についても、それを持続可能としておくことが重要である。これも第5章でもう一度考えるが、そのためには、ストックでみた財政赤字を少しずつでも是正しなくてはならないと考えられる。そのためには歳出面の調整も必要になるだろう。これまでの財政赤字の拡大基調の基本的原因は、言うまでもなく高齢化の進展に伴う社会保障制度にかかる歳出の増加であり、それはこれからもさらに続く。財政赤字を長い目で持続可能なものとしていく上では、その社会保障制度の見直しは避けられない。

さらに、過去には阪神・淡路大震災、東日本大震災などの大きな災害が何度もあり、またコロナ禍のような前代未聞のショックもあった。そうした大規模な社会的ショックへの対応も政府の重要な機能であり、それはこれからも変わらない。したがって、そのような、言わば有事の際に必要な歳出のための資金調達が常にできる財政状況としておくことも政府には求められる。

加えて財政政策には、日本経済の供給構造の変化をより円滑に進めることを促す機能も期待される。すでに述べたように、新しいグローバル経済の構図の中で、欧米先進国はみな政府主導でマクロ経済の供給構造を変える方向に舵を切っている。このように考えると、どうしても景気平準化の機能は金融政策の方により重く割り当てられそうである。以上のような論点を第5章で取り上げたい。

以上、本章では1990年代以降のマクロ安定化政策を振り返り、将来に向け、あるべきその姿を考えてきた。誤謬のない判断に基づくマクロ安定化政策とはどのようなものか。それが本書の基本的な問題意識である。次章以降で、金融政策、財政政策別に、さらに具体的に論点を整理したい。

13　「ゾンビ」企業については、第3章で再び立ち返る。

14　景気循環の山谷は、内閣府の景気基準日付による。https://www.esri.cao.go.jp/jp/stat/di/hiduke.html

15　２０２１年３月、日本銀行はイールドカーブ・コントロール（ＹＣＣ）における長期金利の変動幅を、従来の０％程度から±０・25％程度に拡大した。これは厳密には金融引き締め方向のアクションなので、本書では金融緩和強化が続いた時期を２０２１年までとした。

16　図表２－２は、経済協力開発機構（ＯＥＣＤ）のデータベースを使って、日本、米国、ドイツの産業別の実質付加価値生産額のシェアの変化をみたもの。日本とドイツは、米国に比べ、製造業に依存する産業構造となっており、その点は２０００年から２０２０年にかけての20年間、基本的に変わっていない。また、ハーフィンダール・ハーシュマン指数（集中度をみるもので集中度が高まると最大１００００の値をとる）で産業の分散度合いを確認すると、ＯＥＣＤの16の産業分類でみれば、日本、ドイツに比べ、米国はかなり分散している。さらに、日本については、むしろ集中度が増す傾向がみてとれる一方、ドイツではそれは顕著ではない。本書で考えてきた日本の産業構造の変化は、ここでの比較で言えば、より米国に近づく方向と言って良いと思われるが、これまでのところ、そうした傾向ははっきりとは出ていない。その点は、ドイツも同様である。

17　２０２０年代においても、２０２０年５月に景気の谷が過ぎてから、２０２１年３月、２０２３年７月、10月と、イールドカーブ・コントロールにおける長期金利の変動幅の拡大が行われた。その背景説明では、金融市場機能の低下を避けるという点に重きが置かれているが、反循環的なマクロ安定化政策という視点からは、極めて自然な動きにみえる。

18　例えば、吉川洋、『いまこそ、ケインズとシュンペーターに学べ』（ダイヤモンド社、２００９年）を参照。

19　前著、『日本経済　成長志向の誤謬』（日本経済新聞出版、２０２２年）、第５章第３節にある図表５－３を更新したもの。

第3章

日本の金融政策をどう考えるか（1）

――マクロ経済環境との関係

前章で、バブル崩壊後のマクロ安定化政策を概観した。そこから浮かび上がってきた疑問点のうち、金融政策に関する部分を、本章と次章でさらに具体的に取り上げる。改めて、ここまで出てきた1990年代以降の金融政策に関する問題意識を整理すれば以下のようになる。

① 需要刺激に焦点を置きすぎてきたのではないか。そのため、景気循環に沿って動くというマクロ安定化政策としての位置付けが著しく低下してしまった。

② 特に2010年代以降、「デフレ」こそが日本経済の問題であるとの認識が強まり、金融緩和が強化された。その「デフレ」とは本質的に何であったのか。そして、それが、本当に日本経済が抱える問題の中心であったのか。

③ その「デフレ」からの脱却のため、期待に働き掛ける超金融緩和策がとられた。結局、それは成功したとは言えないが、ではどうすれば良かったのか。

④ インフレ目標を、具体的に2年間という期限を定め実現しようとしたことの是非。

⑤ インフレ期待を2%にアンカーしようとすることの是非。

⑥ これまでの超金融緩和の結果の1つとして、大幅な円安となっていることをどう評価するか。

以下、本章では上記①と②の金融政策とマクロ経済環境との関係に関する論点を扱う。あわせて、そうしたことを考える際の重要な概念である自然利子率についても触れたい。さらに、本書では金融政策が持つ景気循環の振れを適切な範囲内に収める機能を強調しているが、他方で、一定の景気循環がないと経済の供給構造がなかなか変わらないということも言っている。そもそも景気循環はなぜ起こると考えられるのか。その景気循環をなくしてはいけないが、しかしその振幅を一定程度に抑えた方が良いと考えるのはなぜか。そうした点についても言及したい。その上で次章では、上記の③～⑥の、金融政策運営上の論点を扱う。

1　需要刺激に焦点を置いた金融緩和の強化

もっと速い供給構造の変化が求められた日本経済

繰り返し述べてきたように、バブル崩壊後の金融政策は、基本的に需要の刺激に焦点を当ててきた。この間、日本銀行も経済の供給面の構造変化の重要性を度々指摘してきたが、残念なことに、結果的にはそれが十分速く進展してきたとは言えない。日本経済は十分すばやく変われなかった。企業経営では、そのすばやさは、最近、アジャイルとよく表現されるが、そうしたアジャイルさが足りなかったのが日本経済から不振感が払拭できなかったことの一因だろう。日本経済の供給構造の変化がよりすばやく進んでいれば、それは労働生産性の改善にも表れていたはずである。2020年代に入った今日、国際的な比較において日本の労働生産性の低さが度々指摘される。それには、後述する円安によるノイズも入っているが、日本の労働生産性の改善スピードは、マクロ経済が置かれた環境が大きく変化してきただけに、決して十分速かったとは言えない。

第1章で述べたように、日本では他の先進国に比べ高齢化がいち早く進み、それへの対応だけを考えても、供給構造をそれに合わせもっと速く変えなくてはいけなかった。さらに日本経済は、先を行く先進国経済に、戦後、後から追い付いた。そのため、1990年代以降、東西冷戦構造が崩壊した後のグローバル化の中で、新興国経済の追い上げの影響を一番受けたのかもしれない。

そう考えると、1980年代までの先進国経済への追い付き型から、1990年代以降、先進国経済と同じ土俵でイノベーションを競う経済へと供給構造を変える必要性も他の先進国以上に高かったはずである。特に、すでに述べたように、米国経済との比較で、日本経済はインターネット、スマートフォンに代表される新しい情報通信技術を使ったビジネスモデルへの移行に後れをとった。この観点からも、もっとすばやい供給構造の変化が必要だったと言える。

供給構造の変化に伴う摩擦

供給構造の変化とは、産業、企業のあり方が変わることであり、その変化のスピードを加速させれば、摩擦的なコストは高まる。そうした調整を行わない場合に比べ、より企業の倒産は増えるだろうし、摩擦的失業も同様である。しかし、そうしたコストを払ってでも経済の供給構造を変えなければ、採算のとれるビジネスは減少傾向をたどり、マクロ経済の成長率トレンドもより低いものになってしまう。しばしば「ゆでがえる」と呼ばれる現象である。

日本経済では、そもそも働くことができる者の数が減っていくのだから、生産した全ての付加価値を足し上げたグロスの経済成長のスピードが、当面、低下していくことはある程度不可避だ。しかし、1人の働く者が1時間当たりに生産できる付加価値の額としての労働生産性は、働く者の数が減ることとの影響を必ずしも受けない。それでも今日の日本経済では、その労働生産性の水準の低さ、改善スピードの遅さが問題となっている。

短期的に供給構造変化の摩擦を受け入れれば、その分、経済成長にとってマイナスに作用する面もあるが、それを許容しなければ中長期の経済成長の頭が押さえられる。こうした一種の矛盾に日本経済は直面してきた。現在の労働生産性の低さは、短期的な摩擦に耐えて供給構造の変化を進めてこなかった結果でもある。

雇用を増やす、成長率を高めるということだけに着目して需要刺激を強化するだけでは、なかなか供給構造の変化は進まない。長い目でみた供給構造の変化をできるだけ迅速に進展させることも大切だったという教訓が残る。

景気循環を念頭に置かない金融緩和の強化

一般的に、マクロ経済の供給構造の変化は、景気後退によって促される面がある点はすでに述べた通りである。景気の後退局面では、その後に持続的に展開できるビジネスとそうでないビジネスがふるいにかけられる。また、景気の後退局面は、新しいイノベーションが具体的なビジネスモデルとして結実するための準備期間でもある。景気の循環を考慮せず、景気後退局面でも傾向的に緩和を強化していく金融政策は、供給構造の変化を遅らせるものであったかもしれない。

「ゾンビ」企業の議論にしても、[20]金融環境が極めて緩和的だったこと自体よりも、景気循環に沿った金融環境の緩和・引締めという振れが不十分であった、あるいは全くなかったことがビジネスモデルの淘汰を遅らせた点が問題なのではないか。日本経済の供給構造を新しい環境に適合したものへと変えていくことは、今後も続く絶えざる取り組みである。したがってこれからは、景気循環の振れに沿って反循環的に動くというマクロ安定化政策の本来の性格を今一度思い起こし、供給構造を変えていくことも念頭に置いて、金融環境の一定の振れを許容することも大事なのではないか。

ただしその際には、言うまでもなく、日本経済の現時点での実力をよく吟味する必要がある。ここまで本書が振り返ってきた期間、もっと良い経済パフォーマンスになるはずだという暗黙の期待の下で、そのための需要刺激が繰り返され、強化されてきた。働くことができる者の数が減っていく環境にあっては、マクロ的にみた経済活動の規模が過去と比べて見劣りすることは避けられない。これからのマクロ経済のパフォーマンス評価においては、同じ内容の仕事(ジョブ)の単位時間当たりの生産性をより重視していく必要がある。そして同時に、そのジョブの入れ替わりの状況を確認することも重要になる。

もっとも、同じジョブについて、その定義や内容の多様性からして、単位時間当たり付加価値生産額をマクロ的に計測することは難しい。それでも、1人当たり1時間当たりの労働生産性はマクロ統計としてみることができる[21]。その水準を国際比較する場合には、為替レートが影響してくるので、その評価には注意が必要だが、そのように定義した労働生産性の変化のスピードは比較できる。

日本の場合、近年のその変化スピードは、米国より遅いが欧州主要国並みにはなっている。[22] 情報通信技術の革新のビジネスへの取り込みでは、米国が独り勝ちの状態なので、欧州と日本は同じような状況にあるということなのだろう。しかし、グローバル化や高齢化の観点からは、日本は欧州主要国以上にすばやく経済構造を変えていく必要に直面している。その点にも留意しながら、1人当たりの単位時間当たりの労働生産性の変化を、マクロ経済のパフォーマンスを評価する上でもっと重視しても良い。

以上のような金融環境を実現しようとする金融政策の運営は、これまでに比べ、現状認識の上でも実務面でも一層難しいものとなる。しかし、今日の日本経済にある不振感を払拭するために必要な取り組みであり、それに挑戦できるのは中央銀行だけであることもまた事実であるように思う。

供給構造の変化と人口動態を勘案した完全雇用

何らかの基準を設定し、労働生産性がその時点で満足できるスピードで改善していると判断され、供給構造の変化に伴う摩擦的失業をも勘案した完全雇用が達成されていると認識できるのであれば、そこから先はより高い経済成長を目指した需要刺激はすべきでない。[23] 供給構造の変化が進めば、長期的な潜在成長力は高まる。そのように経済の実力が改善していく状況を一定期間維持すれば、次第に実績としての成長率も上昇していく。逆に、短期的な摩擦を受け入れることができず、無理をして需要刺激をすれば、繰り返し述べてきたように、それは長期的に維持していくことができないビジネスの延命に繋がり、結局、成長力の底上げに資さない。

そもそも日本の人口動態は、金融緩和によって成長率を押し上げるという効果を弱くしている可能性がある。金融緩和により刺激される主な需要項目としては、まず企業の設備投資と家計の住宅投資がある。その企業の設備投資は、すでにみてきたように、1990年代から2000年代までの間、景気循環に沿った動きはあったが、傾向として消極化してきた。繰り返すマイルドなデフレの中で、企業のリスクテイクは次第に保守的になってきた。住宅投資についても、さらに進む高齢化と、後述する高齢者単身世帯の増加の中で、金利低下による需要刺激効果が低下していると考えられる。

この他に、金融緩和により貯蓄率が低下し、消費が刺激されることが考えられる。そもそも高齢化は、所得の少ない家計数の増加になるので、経済全体の貯蓄率を引き下げると言われている。しかし、日本で進行してきた長寿化は、何歳まで生きるか分からないという本質的な不確実性を生んでおり、それが金融緩和の持つ消費刺激効果を弱めている可能性がある。

実際、引退世代に入る節目の1つである65歳時点の平均余命は、コロナ禍以前まで一貫して

図表3-1　65歳時点の平均余命の変化

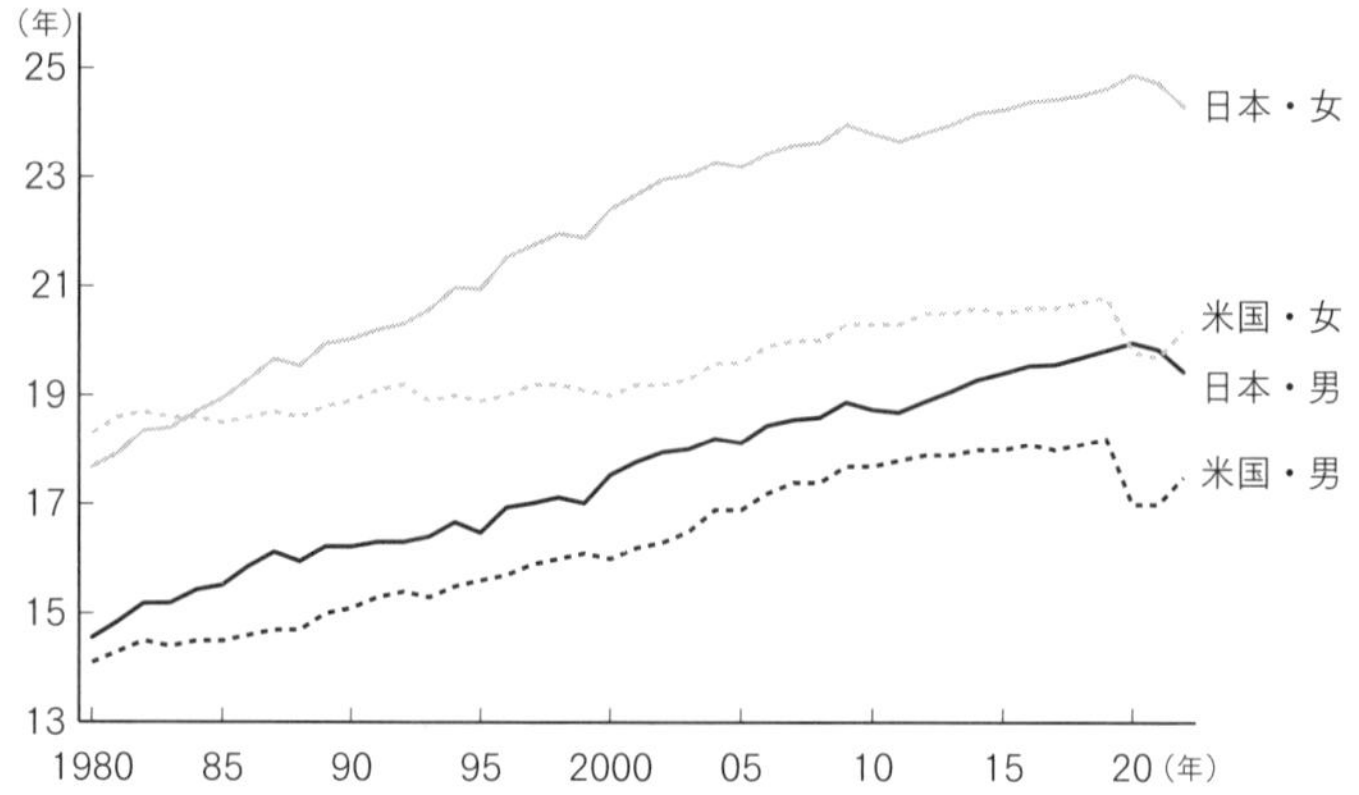

（出所）厚生労働省、「令和4年簡易生命表」
米国、"National Center for Health Statistics"

上昇傾向をたどっており、かつ2020年においては日本人は米国人より男性で約2歳、女性で約4歳長い（**図表3－1**）。増加する高齢層では、このように自分があと何年生きられるのかが不確実であるという大きな不確実性の下で、金利の水準に関わらず将来に備えて貯蓄を取り崩さないという動機が強まってきたのではないだろうか。そうだとすれば、この面からも金融緩和による需要刺激効果は弱まっている。

実際、日本の貯蓄超過率（「貯蓄－投資」を名目GDPで除したもの）と長期金利の関係をみると（**図表3－2**）、両者の間にははっきりした関係は見出せない。むしろ、傾向的には緩やかな負の関係があるようにさえ見受けられる。そうだとすれば、より低い金利がより高い貯蓄超過率に対応するということであり、それは金融

図表3-2　貯蓄超過率と長期金利

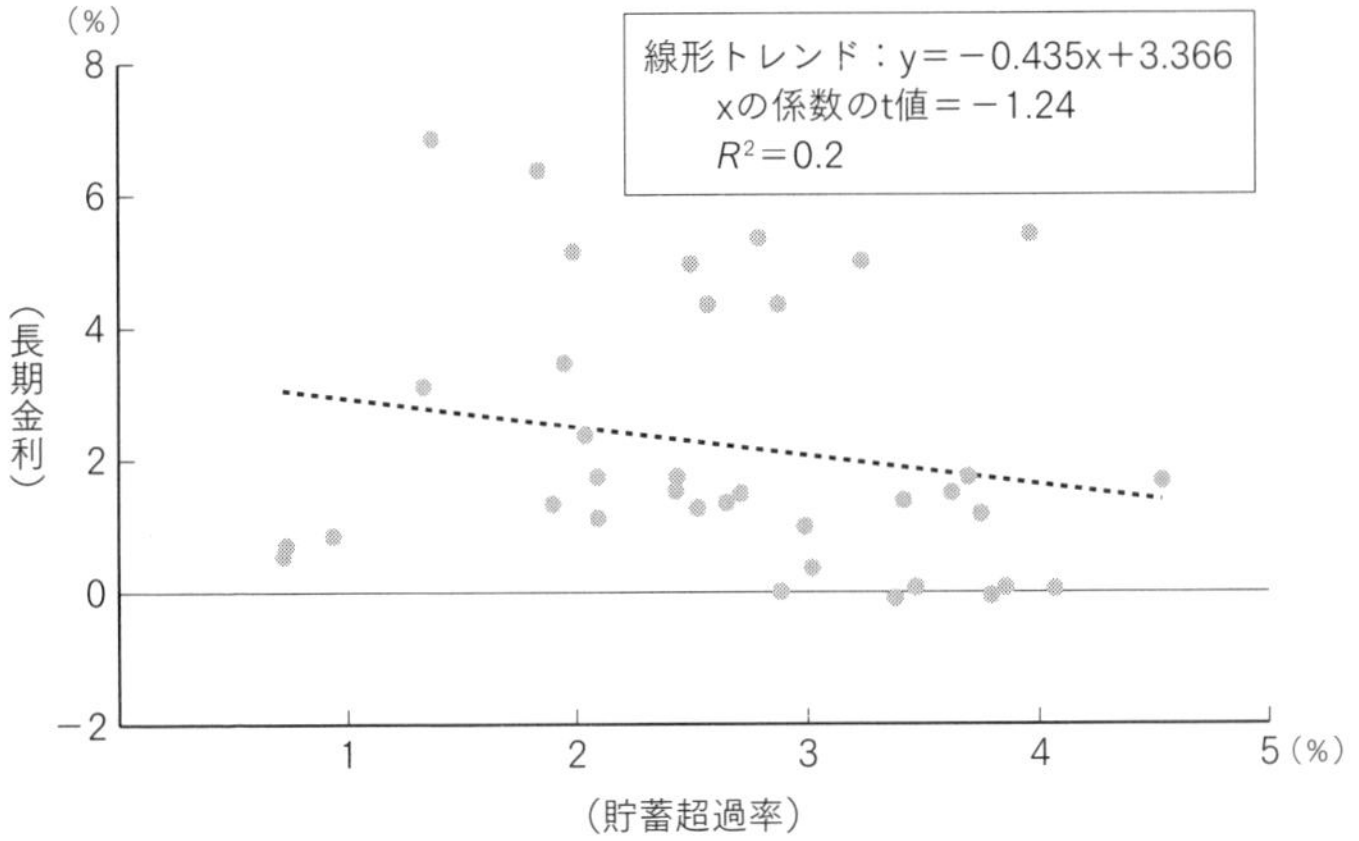

(出所) OECD Stat.
財務省、「国債金利情報」
(注) 長期金利は、10年物国債の月次計数を四半期平均したもの。
貯蓄超過率は、制度部門別資本勘定の「純貸出—純借入」の対名目GDP比。

緩和が期待している需要刺激効果とは逆である。

　このように、金融緩和の需要刺激効果が高齢化に伴って弱まっている可能性もある下で、実力以上の成長率の実現を目指して金融緩和の度合いを強化することには、そもそも緩和が行きすぎるリスクがあったのではないだろうか。もっともこれは、あくまでも事後的な評価であり、バブル崩壊の後始末の最中、あるいはそれが終わった後も、この点が意識されるのは難しいことだった。

　２０２０年代に入り、海外要因を契機に実際に２％を上回るインフレを経験することになり、金融緩和の度合いの修正の過程に入った。しかし、それまでの金融政策では、景気の振幅に沿って変動するという面には重点が置かれず、日本経済にマクロ的なショックが入る度に需要刺激のための金融度合いを強化するという展開であった。こうしたことからしても、金融の緩和度合いが結果的に過大になってしまった可能性が浮かび上がる。

そこからの修正であれば、その分、大きな幅の修正になるが、他方でその修正が漸進的でないと、マクロ経済へのストレスは相応に大きくなる。したがって、今後の金融緩和度合いの修正は、一定の程度に及ぶが、しかし速くはできないというある種の矛盾を最初からはらんでいると考えられるのである。

高圧経済論

以上のように、金融緩和の景気刺激効果が低下している可能性があるのであれば、なおさら金融緩和を強烈にかつ長期に行うべきだという立論も可能である。これは、高圧経済論と呼ばれる考え方にも繋がる。(24) 近年では、当時、米国連邦準備理事会（ＦＲＢ）の議長であったジャネット・イエレン氏が提唱し、注目された。需要刺激によって、単にマクロ経済を好転させるだけでなく、労働需給がさらに引き締めるところまで需要刺激をやれば、労働参加が増え、生産性も上昇し、その中で所得格差を縮めることができる。そうした考え方と言って良いだろう。

しかしこれは、米国では結局、需要刺激の行きすぎの素地となり、コロナ禍後のインフレの遠因にもなったのではないだろうか。特に金融政策については、本来、供給構造の変革を主眼としたものではないので、高圧経済論の中で積極的な位置付けを与えることは適切ではないとも言える。金融緩和環境が長引くという期待が蔓延すると、バブルが起こりやすいという指摘もある。そして、高齢化、長寿化という日本の人口動態を考えると、高圧経済の効果は日本ではあまり大きくないかもしれない。

さらに、米国のように経済構造が自律的にダイナミックに変化する経済と、結果論ではあるが日本のようにできるだけ変化に伴う摩擦を少なくしようとする経済では、高圧経済の持つ意味合いも変わってくると考えられる。高圧経済が、自律性に乏しい供給力を温存する程度は、前者においては後者よりも小さいはずであり、そのため長期的な潜在成長率への悪影響も小さい可能性がある。

もっとも、労働市場の望ましい変化という点に着目すれば、本書でこれまで議論してきたところと重なる部分もある。要するに、マクロ経済の供給面の変化を望ましい範囲で最速化させるためには、どのような金融・財政のマクロ安定化政策のあり方が望ましいかという点が問題の本質である。ただし、その供給面の構造変化が最速になるまで、金融政策にせよ、財政政策にせよ、需要刺激を強化し続けるべきだという主張になると、それは景気循環に沿って反循環的に動くマクロ安定化政策ではなくなる。その結果、長期的にみて供給構造の変化のスピードが最適化されない可能性が高いというのが本書の立場である。

2　日本の「デフレ」とは何だったか

「デフレ」の本質的意味

2010年代には、「デフレ」こそが日本経済が抱える問題の根源であるという整理の下で、強烈な金融緩和で、2年間という時間内にインフレ率を2%にすることが目指された。しかしその「デフレ」とは、実際問題、何を意味していたのだろうか。消費者物価の前年比がずっとマイナスであったわけではない。実際に起こったのは、正確にはマイルドなデフレが繰り返したことだった。

しかし、その間、日本経済から全体として不振だという感覚がなくならなかった。もっと良いパフォーマンスになるはずだ、そのために政策面で何かできるはずだ、そういう雰囲気はずっと存在していた。「デフレ」とは、そういう雰囲気を指しているのだと思う。2024年末の時点で、政府はなお「デフレ」脱却宣言をしていない。むしろ、デフレからの完全脱却を目指していると言っている。様々な事情でそういう表現をなお使わざるを得ないのだろうが、そのこと自体、経済活動をしている多くの人からすれば実感から乖離しているように感じられるのではないか。国民の多くは、2年以上続く2%を超えるインフレの中で、デフレが問題などとはもはや思っていないだろう。

1990年代後半以降、「デフレ」と呼ばれた日本経済から拭うことのできなかった不振な感じ、「不振感」の本質的な原因は、日本経済の供給構造が、環境の大きな変化に合わせて十分すばやく変化できなかったことにあるのではないか。それが本書で繰り返し提起してきた問題意識だ。問題の本質を的確に捉え、その解決に立ち向かう感覚がないままでは、不振感はいつまで経っても消えない。

2000年代半ばまでは、不良債権処理という供給過剰への対応が続いた。この対応は、どちらかと言うと、起こってしまったことを処理するという、受け身的なものだ。1990年代初頭においては、バブル崩壊の本質がまだ日本経済全体として共有できていなかった。そこから問題の範囲を認識し、損失の負担を確定したのであるから、長すぎるという批判は免れないものの、不良債権の発生はその処理に本当に時間のかかる大きなショックであった。

しかし、バブル崩壊後、約15年を経てその後始末が終わった後は、高齢化、グローバル化、情報通信技術革命の中でイノベーションを生み出す、能動的な供給構造の変革に、本腰を入れて取り組むべきであった。効果的な成長戦略の実行こそが重要であった。もちろん日本企業は、その時その時で最善を尽くそうとしてきた。それでも日本経済は、先進国の中で唯一マイルドなデフレを繰り返す状況から抜け出せなかった。それはどうしてか。この点についても、第1章で取り上げた日本経済が置かれた環境の大きな変化、すなわち高齢化、グローバル化、デジタルサービスの劇的変化が影響している。

軽んじた高齢化の影響

また高齢化の話になるが、経済学では高齢化はその供給面への影響を考えることが多い。労働に従事できる人口が減るのであるから、マクロ経済としては成長力が制約される。これはコロナ禍後の日本経済において、一層強く認識されている。しかし、そうした供給面での影響の前に、まず需要面でのそれが表れたというのが日本の現実だった。

そもそも日本の代表的な家計は、高齢化が進展する下で、その属性が大きく変化してきた（**図表3－3**）。家族を形成し、家を持ち、子供を養育するという、夫婦と子供から成る家計のウ

図表3-3　家計の構成の5年ごとの変化

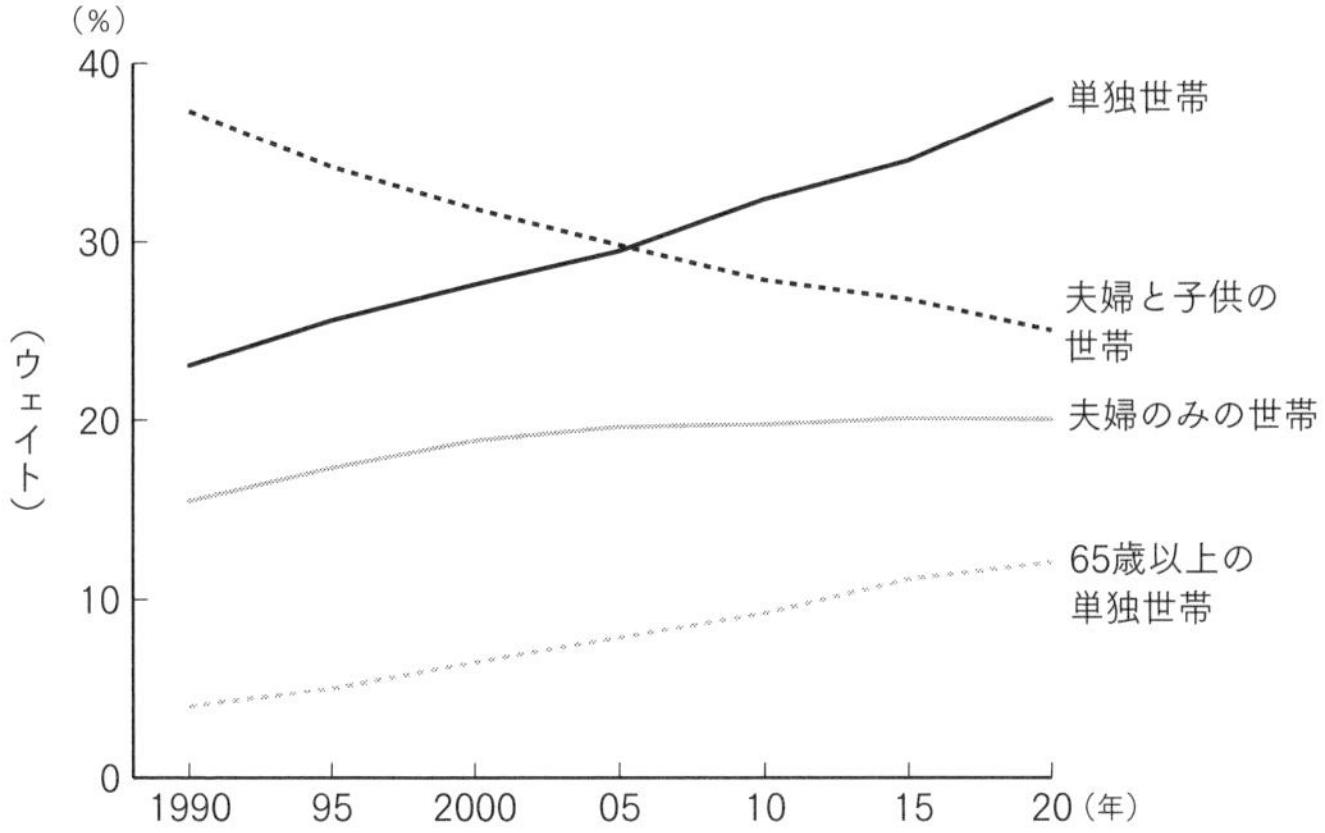

(出所) 厚生労働省、「国民生活基礎調査」

エイトが傾向的に減少し、1人で暮らす家計が増えている。こうしたことは、必ずしも高齢化だけによってもたらされたわけではない。しかし、例えばかつての4人家族の世代が高齢化し、結婚しない、あるいは子供のいない若い世代が増えるという傾向は、全体として家計の消費に大きく影響しているはずだ。

さらに、すでに述べた長寿化に伴う不確実性が、高齢層の消費を制約する方向に作用した可能性もある。そもそも引退世代は、所得も減少するが、自然体での消費量も若い世代に比べれば少なくなる。こうしたことが、GDPを構成する大きな要素である個人消費に影響を与えたはずである。個人消費が振るわないということが、ずっと言われてきた。それには、以上のような人口動態に起因する面も大きかったはずである。

この点を十分勘案せず、繰り返しマイルドなデフレに陥るという物価環境が、需要不足によって生じたという整理がなされ、高齢化に起因する経済活動の変化を需要刺激で元に戻そうとしてきたのではないか。需給ギャップで考えれば、需要不足は逆からみれば供給過剰である。高齢化が個人消費に影響を与え、その変化しつつある国内需要に対応して供給を変える必要があった。それにもかかわらず、その点への十分な認識を持たず、原因は需要不足としてしまったところはなかったか。高齢化が先進国の中で一番速く進んできた日本であっただけに、高齢化の需要への影響を軽んじたという認識の誤謬は、日本で特に強かったのだろう。

グローバル化の下でも雇用機会を維持しようとした

そして、再びグローバル化の影響について考える。これは全ての先進国経済が等しく受けてきた影響だ。東西冷戦構造の崩壊後、先進国の製造業は賃金の安い新興国へと生産拠点をシフトさせた。相対的に付加価値率の低い生産部門を新興国にシフトさせることは、企業にとってはより高い利益率の実現に繋がる。

特に日本では、インフレ率格差を調整した実質為替レートが１９９０年代央まで傾向的に円高化し、それに伴い輸出採算は悪化を続けた。それへの対応もあって、労働集約的な製造業を中心に、生産拠点の海外シフトはかなりのスピードで進展した。[25] それには、中国、東南アジアという新興経済圏が地理的に日本に近かったことも影響したかもしれない。

以上は、グローバル化がマクロ経済の供給面にもたらした変化だが、需要面への変化もあった。先進国の生産拠点の新興国へのシフトの結果、新興国経済の成長率が高まり、その購買力が大きくなり、新興国向けのビジネスの裾野が広がった。この点、日本企業では、高度成長期以来の、欧米先進国市場をその中心的顧客に据えるというトレンドを十分すばやく変化させることができず、新興国経済の需要拡大の恩恵を十分に受けることができなかった可能性もある。

ここでみたような日本経済の供給面に変化を迫る環境変化によって、製造業を中心に国内で多くの潜在的な雇用機会が失われた。それに対し日本では、できる限り失業の発生を抑え、国内の既存の雇用機会を維持しようとする諸政策がとられた。グローバル化に伴い、国内の産業構造が変化を強いられたのは、他の先進国でも同様だったが、事後的にみれば、欧米諸国では失業率の上昇をある程度受け入れ、しかし同時に、マクロ経済の供給面の変化を進める、すなわちより産業構造を変えていくという政策スタンスがとられた。ここでも日本経済は、問題の本質は供給面にあったにもかかわらず、全体としての需要の刺激によって対応しようとしたことになる。

また、雇用機会の確保が重視されたと言っても、それには非正規雇用の増加によって実現したところが大きい。非正規雇用は、正規雇用に比べ、賃金が低く、また一般的に教育・訓練の面で企業は正規雇用に比べてコストをかけない。そのため、家計部門全体としてみれば、非正規雇用が増えた分、所得増加も低調であり、かつ人的資本の質も向上しなかったのではないか。

グローバル化という環境変化に対しても、このように本質的な対応が十分なされなかった結果、日本経済からはいつまでも不振な感覚が払拭されなかった。また、長期的に維持できない供給の過剰が残り、大きな需要ショックが加わるとすぐマイルドなデフレに陥る経済構造となってしまった。

そうした下で、「デフレ」こそが問題として、一層の金融緩和によってその状況からの脱却が図られたが、今振り返ってみれば、繰り返し述べている通り、それだけでは本質的な対応は難しかった。どうしても新しいグローバル経済の構造にフィットした国内の供給力を形成する努力がもっと必要であったし、それなしには不振感はなくならなかったと思われる。

デジタル化の波に乗れなかった日本企業

デジタルサービスの劇的変化への対応についても、ここまでと同様の議論ができる。日本経済は、２０００年代以降、デジタルサービスの大きな技術革新の波に乗り遅れた。それは何も先進国の中で日本だけではなく、第3次産業革命とも呼ばれるこの大規模ですばやいビジネスモデルの変化の勝者は、米国企業がほぼ独占している。

１９９０年代、バブルの崩壊というマクロ的な供給の過剰から出発し、２０００年代央に漸く不良債権処理を終えた日本経済は、結局、その新しい技術革新の成果を十分ビジネスに取り入れることができなかった。しかし、詳細に振り返ってみれば、日本企業発のそうした新しいビジネスの萌芽はあった。携帯電話によるインターネット利用や、デジタル記憶媒体による音楽サービスの提供などは、日本企業が世界に先んじてビジネス展開できたかもしれない。

結果的にはグローバルにデジタルサービスのプラットフォームを提供する日本企業は出なかった。新しいビジネスモデルを考え、リスクをとって先行投資する企業がなかったからだろう。バブル崩壊の後始末の過程で、日本企業の間には、身を守る、すなわち保守的な経営を行うのが一番というムードが広がったこともある。多くの企業や金融機関が破産に追い込まれる中で、生き残りを最優先にした経営が行われたのには仕方のない面もある。

そうした守りの経営が広がったことが、デジタルサービスの劇的変化への対応の面でも遅れをとったことの一因ともなった。繰り返したマイルドなデフレの中で、一般物価が動かないという「ノルム」が形成され、それは相対価格も動かないという「ノルム」にもなった。そうなってしまっては、新しい投資を行い、ビジネスモデルを変えていくという企業の気持ち、アニマル・スピリットも挫かれてしまう。コストをかけ、新しい商品、サービスを生み出し、それに採算の合う価格を付けていくのが、企業のリスクテイクであり、それこそが日本経済の供給構造を変えるものだ。反対に、需要が弱まっていく財・サービスの価格は、本来は低下して然るべきである。

財（モノ）・サービスの新陳代謝が活発に起これば、それに並行して相対価格もまた変化するはずだ。逆に、そうした相対価格の変化が起こらないというノルムが形成されてしまうと、企業の新しい財（モノ）・サービスの供給への挑戦も萎んでしまう。企業の新しい財（モノ）・サービスの供給の取り組みは、前向きなリスクテイクであり、新しい設備投資や新規の雇用を行うことに他ならない。

こうした問題は、需要刺激だけで克服はできない。２０００年代以降、デジタルサービスの分野で新しいビジネスの機会が広がったにもかかわらず、日本企業は以上のような展開の中で、全般的にその機会を活かすことができなかった。それに伴う停滞感も「デフレ」という言葉に包含し、それを金融緩和によって解決しようとして来たのではないか。そもそも、金融緩和によって、企業の挑戦心はどこまで鼓舞できるものなのだろうか。

繰り返したマイルドなデフレは日本に特有

このように、第1章でみた高齢化、グローバル化、デジタルサービス革命という日本経済を取り巻く3つの大きな環境の変化は、いずれも日本に「デフレ」をもたらした要因になったと考えられるのである。

私たちが「デフレ」と言ってきた、あるいは今でも一部で言われている現象の本質は、実は、どうも日本経済が不振だという感覚だったように思えてならない。大きく変わってしまった日本経済の置かれた環境に、効果的かつすばやく対応するという、問題への本質な取り組み方を横に置き、需要刺激の強化ばかりを重視したことが、さらにそうした不振感を深めた可能性すらあるのではないだろうか。

また、この繰り返したマイルドなデフレが、日本特有のものであった点については、まず高齢化が、日本において最も速く進んできたことがその理由として挙げられる。一方、グローバル化の影響は他の先進国も等しく受けたが、日本の場合、従来の供給構造を守り、雇用をそのまま維持しようという面が強かったために、結果的に過剰な供給が残ってしまった可能性がある。そして、デジタルサービスの劇的変化については、米国経済の独り勝ちの現状をみると、すばやい対応が十分できなかったのは、欧州経済にも似た面があると思われる。ただ、日本では、一般物価水準があまり動かないだけでなく、相対価格もあまり変わらないというノルムが形成されたことが、日本企業の新しいビジネスへの挑戦をより抑制し、そのアニマル・スピリットを挫いた可能性はある。

本章で改めて整理したようないくつかの要因が重なり合い、日本は繰り返しマイルドなデフレを経験することになった。そうした事態に対し、需要の刺激を主眼に据えて乗り切ろうとしたが、それでは「デフレ」は解消しなかった。そして、外生的要因でインフレとなった今日、金融政策面では、これまでの行きすぎた緩和環境が新たな制約となっている。また、景気循環に沿って反循環的に動くことを忘れた金融緩和の強化は、長い目でみれば日本の供給構造の刷新を遅らせ、それが潜在成長力の頭を押さえてきた面もあるように思われるのである。

3 自然利子率とは

以上、本章の冒頭で整理した6つの問題意識のうち、金融政策とマクロ経済環境との関係に関する、①行きすぎた需要刺激と②「デフレ」の本質という2つの論点について考えを整理した。次章で、残りの4つの金融政策運営上の論点、すなわち③期待への働き掛け、④インフレ目標実現のための期間設定、⑤2%というインフレ目標の水準、⑥為替レートとの関係、に触れるが、その前に、金融緩和の度合いを考える際の重要な概念である自然利子率と、景気循環に沿って動くマクロ安定化政策としての金融政策の意味合いについて述べておきたい。

マイナスの自然利子率の意味

まず、自然利子率についてだが、それは「経済・物価に対して引き締め的にも緩和的にも作用しない中立的な実質金利の水準[26]」とされる。次章で、この自然利子率と中立金利の関係について再度触れるが、ここではマクロ経済全体に影響を及ぼすただ1つの金利としての自然利子率について考える。

自然利子率は、均衡実質金利とも呼ばれるが、実際には観察できないという点についてはコンセンサスがあると言ってよい。様々なかたちで推計が試みられてきたが、置かれた仮定、推計のための手法などによって、結果にかなりのばらつきがある[27]。

そうした様々な推計では、明示的に、あるいは暗黙裡に、マクロ経済の均衡が考えられている。その均衡において、想定するモデルで決まる解の1つとして自然利子率が出てくる。したがって自然利子率は、例えば国内の貯蓄と投資が何らかの定義でバランスするというように、マクロ経済のいくつかの変数を均衡させるものである。自然利子率は、基本的に実質金利の議論であるので、ここではインフレ、デフレのことは考慮しない。

自然利子率に関連して前著で問題提起したのは、企業の設備投資は実質金利がマイナスになっても増加するかという点である。[28] 色々な推計において、自然利子率はしばしばマイナスの値をとる。それは、自然利子率がマイナスになって初めて、その推計において前提とされる均衡が実現すると考えていることを意味し、例えば国内企業の設備投資については、実質でみてマイナスの利子率の下でも、実質値の設備投資が増加し得ることを含意する。

均衡利子率は、企業の投資の実質リターン率でもあるはずだが、それがマイナスになる領域で、プラスの領域の時と同じように企業の設備投資を刺激するだろうか。良識ある企業経営者であれば、そうした実質リターンがマイナスであるような投資案件を採択することはない。そのようなプロジェクトに従事する労働者のエンゲージメントも高まらないだろう。特に上場企業については、「資本コスト」を意識した投資の意思決定が行われるはずであり、実質リターンがマイナスのプロジェクトを実行しようとする経営者は株主によって排除されるかもしれない。また、実質リターンがマイナスになるまで企業の設備投資が誘発できたとしても、限界的な労働生産性は悪化し、したがって潜在成長率の引き上げには繋がらない可能性が高い。

金融緩和の度合いの適切性を判断する観点から、自然利子率を下回る実質金利を実現しなければマクロ経済が均衡しないのだから、仕方がないではないかという議論は、本当に成立するのだろうか。むしろこれは、金融緩和の限界の示唆ではないか。実質の自然利子率がマイナスの領域になっていると観測される状況は、もはやそれ以上の金融緩和の意味がない。その状況を維持すれば、実質リターンがマイナスの投資案件がより広範に採択され、その結果、マクロ的にみて労働生産性は低下し、マクロ経済の成長率は低下する。そのように考えるべきではないだろうか。

貯蓄への影響

同様のことは貯蓄についても言える。ここまで繰り返しみてきたように、日本では高齢化と長寿化が進む人口動態の下で、必ずしも実質のリターン、すなわち実質金利に反応しない貯蓄の部分が拡大してきたと考えられる。企業の投資についても、家計の貯蓄についても、実質金利が一定以下の水準になると反応が鈍るとすれば、実質金利が正の時の両者の反応を前提にしていたのでは、金融緩和の効果は考えられないことになる。それにもかかわらず、国内の貯蓄−投資バランスに影響を与えようとして、実質金利を無理に低下させようとしたところがあったのではないだろうか。

本書でみてきたような日本経済の様々な構造的な変化は、その影響を実質金利の低下によって短期的に克服できる範囲を超えて大きなものだったのだろう。低金利環境が供給構造の変化を助ける効果が具現化するのをもっと辛抱強く待つことも必要であったし、他方で本質的な問題解決の方向性を社会全体として共有することも重要であった気がしてならない。

政策金利が低下し、それ以上引き下げられなくなり、金融政策によって経済の最適状況が実現できないようになる制約は、しばしば実効下限制約（Effective Lower Bound）と呼ばれる。しかし、以上のように整理してみると、マクロ経済の均衡を妨げるのは、実は、実質金利が一定水準以下になると投資や貯蓄が反応しなくなるという実効実質金利（Effective Real Rate）の制約なのではないかと思われてくる。

4　景気循環とマクロ安定化政策としての金融政策

景気循環のマクロ経済モデル

景気循環がなぜ起こるかという点については、これまで経済学の世界での膨大な研究の蓄積があり、それをここで包括的に振り返ることはできない。ごく簡単に近年の進展の特徴を言えば、まず、景気循環を、代表的な企業、家計の何らかの最適化行動の結果として描く実物的景気循環の考え方が定着した。また、現実に存在する物価の粘着性の理由を、必ずしも純粋な完全競争が実現していない点に求めるニュー・ケインジアン型のマクロ経済モデルが一般的となった。現在の教科書の標準形は、両者を組み合わせて景気循環を説明するというものだろう。

そうした考え方においては、景気循環を起動するのは、技術革新を体現する全要素生産性の内生化できない変動であり[29]、それに対し、マクロ安定化政策、特に金融政策の反応として、いわゆるテイラー・ルールが想定される。テイラー・ルールとは、インフレ率の実績についてはは目標インフレ率を基準に、同時に成長率の実績については潜在成長率を基準に、それぞれ評価をして、金融環境を引き締めたり、緩和したりする安定的な政策反応の関数である。

テイラー・ルールは、インフレ率や成長率が高まりすぎた際には引締め、逆の場合は緩和するという対応になることから、反循環的な政策反応と呼ばれる。こうしたセッティングにおいては、外生的な全要素生産性のショックによって生じる景気循環の山谷が、テイラー・ルールによる政策反応によって均されるというかたちで景気循環が描かれる。

そこで次の疑問は、なぜそうした全要素生産性のショックがいつも起こっているのかということだ。実際、全要素生産性の動きは、成長会計の考え方を使って事後的に計測する以外になく、マクロ経済で現実に起きている全要素生産性の変動は直接的には観察できない。したがって、テイラー・ルールによる政策反応も、起こってしまった景気の変動に受動的になされることになる。

テイラー・ルールは、米国スタンフォード大学のジョン・テイラー教授が、1990年代に米国の連邦準備理事会（FRB）の実際の金融政策から導き出したものであり、その後も複数の研究者が違うバージョンを提唱している。FRBの過去の政策反応が最適であれば、今後の政策反応も過去の実績から得られたテイラー・ルール通りやることが最適になる。しかし、FRBが過去に全く過ちを犯していないとは断定できず、かつ全要素生産性のショックも、過去と同じインターバルで、あるいは同じ程度で生じるとは言えない。

実践の難しいマクロ安定化政策としての金融政策

こうしたことから、マクロ安定化政策としての金融政策も、実践的には手探りで反循環的に行っていくほかないことになる。それが、本書で言ってきた、景気循環に沿った金融政策が意味するものである。

それを考える際には、以下の点を勘案する必要がある。まず第1に、第1章の為替レートの変動がマクロ経済に及ぼす影響のところで言及した履歴（ヒステリシス）効果、あるいは傷跡（スカー）効果である。これは、もっと広範にマクロ経済に影響を与える効果として捉えることができる。つまり、経済活動に対して一定以上に大規模なマイナスのショックが加わると、その悪影響が尾を引いて、なかなか経済活動が元通りに活性化しないという効果として整理することができる。こうした効果を勘案すると、景気後退が行きすぎないようにすることが重要になる。

しかし、第2に、反対方向の議論として、景気循環に全く反応しない政策対応が、必要な供給構造の変化を遅らせる可能性があることは、これまで繰り返し指摘してきた。

そして第3に、本書で考えているのは、30年間余りの長い期間であり、継続的にショックが加わるようなケースだということである。実物的景気循環とニュー・ケインジアン型のマクロ経済モデルを組み合わせた景気循環の描写は、ある全要素生産性ショックによってマクロ経済が均衡から乖離した際に、経済が均衡へ戻っていく経路についてのものであることが多い。しかし日本経済の場合は、その均衡自体が連続して動いている点が無視できない。均衡点が動いている場合には、時間の経過を通しての最適な政策反応がどのようなものか判断をすることが、また一段と難しくなる。

これからの日本経済においても、景気悪化が長引き、そのため経済活動がさらに停滞するような事態は当然避けられなければならない。逆に、経済成長の実力を見誤り、景気拡大が行きすぎた結果、結局、強烈な引締めを行わなくてはいけないような事態も同様である。さらに、経済の供給構造が変化していく中にあっては、上述のように反循環的な政策反応の度合いも変わることになるので、判断は一層難しい。しかし、景気循環に沿って、必要以上の景気の振幅は起こさず、長期的にみた国民の経済厚生を最大化するようなマクロ安定化政策の運営が求められていることに変わりはない。

20　ゾンビ企業の分析については、例えば、山田琴音・箕浦征郎・中島上智・八木智之、「企業金融支援と資源配分—研究の潮流と新型コロナウイルス感染症拡大後の動向—」（日本銀行ワーキングペーパーシリーズ No.22-J-4、2022年3月）を参照。同ペーパーの分析では、日本のゾンビ企業数は、バブル崩壊後に急増した後に減少に転じ、足元では低めの水準となっている。その結論は、2010年代以降の超金融緩和という環境を前提としており、時系列でみて足元のゾンビ企業数が低水準となっていても、マクロ的にみて低労働生産性が改善されたわけではない点には留意する必要があると思われる。

21　例えば、公益財団法人日本生産性本部、「労働生産性の国際比較2023」を参照。https://www.jpc-net.jp/research/detail/006714.html

22　前出の「労働生産性の国際比較2023」を参照。

23　1人当たり単位時間当たり労働生産性の改善スピードと、供給構造の変化に伴う摩擦的失業を勘案した上での完全雇用失業率について、最適性を判断するのは決して容易ではない。ただ、それはマクロの成長率についても同様である。潜在成長率の計測は、あくまでも過去の実績値を前提に行われており、過去を踏まえ足元の実力を評価している。ここで述べたような指標についても、同様のアプローチをとり得るはずである。

24　原田泰・飯田泰之編著、『高圧経済とは何か』（金融財政事情研究会、2023年）には、高圧経済論に肯定的な立場からの様々な主張が集められている。

25　前掲の第1章図表1－3を参照。

26　須藤直、岡崎陽介、瀧塚寧孝、「わが国の自然利子率の決定要因—DSGEモデルとOGモデルによる接近—」（日本銀行 Research LAB、No.18-J-2、2018年6月）を参照。

27　様々な推計結果の違いについては、杉岡優・中野将吾・山本弘樹、「自然利子率の計測をめぐる近年の動向」（日本銀行ワーキングペーパーシリーズ・多角的レビューシリーズ、No.24-J-9、2024年8月）にまとめられている。

28 前著、『日本経済　成長志向の誤謬』(日本経済新聞出版、2022年)の第3章、図表3－2を参照。

29 楡井誠、『マクロ経済動学 景気循環の起源の解明』(有斐閣、2023年)では、生産性変動について外生的ショックがなくても、総投資、物価、資産価格が内生的に変動し得ることが説明されている。異質な経済主体の間で、その行動の伝播を考えるこの見方に立てば、起こってしまった外生的なショックに受動的に対応するマクロ安定化政策だけでなく、内生的な変動を一定範囲にとどめるための政策当局によるコミュニケーション政策も視野に入るのかもしれない。

第4章

日本の金融政策をどう考えるか（2）

――運営上の論点

前章では、第2章で整理した本書の金融政策に関する6つの問題意識のうち、マクロ経済環境に関係する2つの論点について考えた。本章では残りの4つの金融政策運営上の論点について議論をしたい。それらは、期待に働き掛ける金融政策、インフレ目標実現のための具体的な期間設定、2%というインフレ目標の水準設定、為替レートとの関係をどう考えるか、である。その上で、なお残るいくつかの論点についても最後に触れる。

1 期待に働き掛ける金融政策

様々な金利を限界まで低下させた後に最後に残った「期待」

日本銀行は、短期の政策金利を操作する伝統的な金融政策がゼロとなった後、非常に簡単な整理だが、以下のような一層の金融緩和措置、すなわち非伝統的な金融緩和を行った。

① マネタリーベースの増加量に焦点を置き、残存期間の長い国債を購入し、また長期的に金融緩和にコミットし、長期の金利を引き下げた。

② 通常であれば中央銀行が購入しない、相対的に信用リスクの高い資産を購入し、より信用リスクが高い主体の資金調達コストを引き下げた。

③ 以上の金融緩和策をもってしても、実際のインフレ率が2%に到達しなかったことから、政策金利をわずかなマイナスとするマイナス金利政策をとった。

④ マイナス金利政策に、短期金融市場の金融仲介を阻害する側面があることが判明すると、オーバーシュート型コミットメントとともに、長短金利操作付き量的・質的金融緩和を導入した。

上記①~③により、短期から長期にわたり、かつ信用度の高低に応じたほぼあらゆる金利が可能な限り低下した。しかし、それでも例えば2年といった期間では目標としている2%のインフレは実現できなかった。

「期待に働き掛ける」ということは、2013年のいわゆる「異次元緩和」の一つの柱だった。その後、2年で2%のインフレが実現できない中で、累次の追加的な緩和策が講じられ、それでも2%のインフレにならなかったことから、結果的に④において「期待に働き掛ける」というピースが最後まで残ったということではないだろうか。この最後の手段とも言うべき「期待」は、本来、そう簡単に制御できるものではない。自分の期待でさえ、自分でコントロールすることが難しいのは、誰しも思い当たる節があるだろう。ましてや他人の期待となれば、そのコントロールができるかどうかすら怪しい。

金融市場や経済主体全般を念頭に置いての期待となれば、さらにその難易度は増す。そもそも、経済活動に従事する多くの主体の期待を誰かが思う通りに制御できるとすれば、そのことの方がある意味怖い話であり、個人の自由な判断を侵害するものと言えるかもしれない。

適合的期待でも合理的

一方、期待という要素が、経済活動の中で重要なことには間違いはない。誰もが納得するかたちで、それをマクロ経済モデルに取り入れようとしたのが、1970年代後半から急速に広がった「合理的期待」仮説の考え方である。それは、ごく大雑把に言えば、経済主体全員が特定のマクロ経済モデルを持っていて、それに基づいて期待を形成するというものである。そして、代表的な経済主体が何らかの最適化を目指して行動するという考え方と、この合理的期待をあわせると、結局のところ、経済主体全員が同じ経済モデルで考えることを仮定することになる。[30]

そのマクロ経済モデルにおける期待形成が、過去の延長で将来を考えるという適合的なかたちのものであっても、それを仮定してしまえば「合理的」な期待形成ということになる。日本銀行が２０１６年9月に行った金融緩和の「総括的な検証」では、日本の物価上昇率に対する期待形成は、過去の実績に引きずられる傾向が強く、適合的な要素が強いと指摘されている。[31]合理性が、経済主体がその時々の全情報を考慮して最善の期待形成をすることと考えると、そのような適合的な期待の形成は合理的とは言えない。しかし、現実には適合的な期待形成であったようだ。

そうであるなら、実際のインフレ率が上昇しないと、経済主体のインフレ期待は高まらない。日本銀行は、色々な金利を引き下げるという金融緩和によって、できることは全てやり尽くした。その後、インフレ期待が変化すること以外に有効なインフレ目標実現の途が残されていなかったとしても、単に期待に働き掛けると言うだけでは、経済主体の期待は変わらない。

日本の企業、家計の期待形成において適合的な要素が強いことを前提に、日本銀行が金融市場とどういうコミュニケーションをとれば、次第に２％に向けてインフレ率が高まるという期待を形成することができただろうか。実際に外的要因でインフレになってしまった現時点で、そうしたことを考えても仕方がないが、期待に働き掛けることの意味を整理する意味で、以下で少し考えてみたい。

適合的な期待形成の下でのナラティブ[32]

最近では、一般的な物価水準が動かないという、期待が固定化される状況はしばしば「ノルム」と呼ばれる。目標とする2％にインフレ期待がなかなかアンカーされないのは、そうしたノルムがあるからだという説明がなされるが、これはある意味、同義反復であり、どうしてそうなったかということは説明していない。そうしたノルムの形成は、一般物価水準の変化に対する経済主体の期待形成に適合的な面が強いからという説明になるのだろう。

では、そういう期待形成の下で、中央銀行がどういう説得を行ったら、時間はかかったとしてもインフレ期待が上昇するのか。そうした説得は、最終的にはナラティブになるのであろう。[33] いくら期待形成が適合的だからと言って、大胆な金融緩和がどのようなメカニズムでインフレ率の上昇に結び付くかの説明がなければナラティブにはならない。それは例えば次のようなものはどうだろうか。

金融環境が適度に緩和された下で、マクロ経済の供給構造の変革が進み、長い目でみて持続可能ではない需要に対応した供給は削減されていく。それに伴って発生する失業等の摩擦的コストは、失業保険・職業訓練といった安全網の整備により対応する。そのように供給面の刷新が行われる中で、次第にマクロの需給ギャップが引き締まっていく。その需給ギャップの引き締まりを起点に内生的にインフレ率が上昇していく。金融政策運営においては、長期的に持続しない需要に対応した供給力の温存にならないよう、労働市場において、供給構造の変化を織り込んだ上での完全雇用になっているかどうかに注目をする。そうした状態が一定期間続くことで、それが次第に経済主体全般のインフレ期待の上昇に繋がる。

このような主旨のナラティブで、十分、説得的かどうか、判断は当然分かれる。しかし、供給構造の刷新と、それに伴う一定の摩擦の受け入れなしには、需給ギャップが自律的に引き締まることもないし、したがって説得的なインフレ期待上昇の理由付けにもならない。他方、履歴（ヒステリシス）効果あるいは傷跡（スカー）効果を勘案すれば、いくら供給構造を刷新させるとは言え、その結果、倒産や失業といった負のショックがあまりにも大きくなってしまえば、かえって長期的な供給構造の転換を遅らせることになる。金融政策は、それを避けつつ、しかし供給構造の変化をできるだけ速いものとするという、難しいバランスで緩和を行っていく。そういうナラティブを形成するよう、世の中とのコミュニケーションを行うべきだったのではないだろうか。

そうしたアプローチは、方向は全く逆だが、2020年代央の現在、日本銀行が行おうとしているコミュニケーションに似ている面もある。今日、外生的なインフレ圧力の高まりのためインフレ率は目標の2%を超えてしまい、それが2年以上続いている。しかし、そこで、インフレ期待が2%にアンカーされたかどうかがはっきりしていないというロジックで、金融緩和の度合いは、見直されているにせよ、なお非常に緩和的になっている。

これは、そのような金融政策が、結局は長期的な日本経済の成長を最大化させるというナラティブを目指したものだろう。2%インフレが実現していない時でも、金融緩和の度合いを強化しないことを納得させるナラティブと、2%を超える目の前のインフレに直截に金融政策を対応させないことを納得させるナラティブという点で、似たところがあるように感じられないだろうか。

こうして考えてくると、過去の問題として、2年間で2%のインフレを実現することにコミットしてしまったことの是非、そして現在の問題として、なお2%のインフレ目標を堅持し続けていることの是非、という2つの問題意識が浮かび上がってくる。

2 2年で2%のインフレ目標

コミットメントの結果としての日本銀行のバランスシート膨張

2013年4月に量的・質的金融緩和を開始した際、「消費者物価の前年比上昇率2%の『物価安定の目標』を、2年程度の期間を念頭に置いて、できるだけ早期に実現する」ことが金融政策決定会合で決まった。同時に、「2%の『物価安定の目標』の実現を目指し、これを安定的に持続するために必要な時点まで継続する」ことにもなった。これによって、2年間で2%インフレを実現する、そして2%インフレが実現するまでできる限りの金融緩和をすることになった。

その後の日本銀行の金融緩和の強化は、これらの方針に沿ったものである。こうした方針は、同時に決められた「マネタリーベースおよび長期国債・ETFの保有額を2年間で2倍に拡大」、「長期国債買入れの平均残存期間を2倍以上に延長」といった具体的対応策とあいまって、「衝撃と畏怖」によって期待に働き掛けようというものであった。

その後、日本銀行はその確固たる意思に対する信認を崩さないため、これら方針を堅持したが、そのコミットメントが2020年代央の現在、世界的にみても突出した中央銀行のバランスシートの膨張に繋がっている。そして、その大きなバランスシート自体が、これからの金融政策にとって、これまでにはなかった新たな制約になっている。そうしたコストを払ってもなお、当初の目標であった2年で2%のインフレは実現できなかったし、2024年末時点の日本銀行の判断によれば、インフレ期待を2%にアンカーすることもできていない。

2%を超えるインフレが2年以上続く下にあっても、金融政策が機敏に動くことができない理由の1つは、この日本銀行のバランスシートの大きさにある。短期の名目の政策金利はプラスの領域に戻っているが、それでもインフレ率で調整すれば実質金利はなおかなりのマイナスである。他の先進国の政策金利は実質でみてもプラスなので、その金利差が急ピッチで進行した円安の背景の1つであった。他方で、長期金利の短期間での上昇は、日本経済に様々なマイナスをもたらす。政策金利の引き上げや日本銀行の国債購入の減額は、長期金利に影響を及ぼすので、日本銀行としては慎重にならざるを得ない。

インフレ目標の時間軸は長く、金融政策は機動的に

そうした下にあっても、景気は様々な要因から循環する。上述のような日本経済の供給構造の変化には一定の時間がかかるので、景気の一循環ではとても完了しない。しかし、中央銀行が、インフレ目標の実現のための期間を2年程度に設定し、かつその目標を達成するまで金融緩和を止めないとコミットしてしまうと、景気の循環に沿った反循環的な金融政策の反応ができなくなってしまう。繰り返し述べているように、供給構造の変化を円滑に進める観点からは、そうした景気循環に沿った金融政策の緩和・引締めという反循環的な振れが一定程度あることが望ましい。

今後も景気は循環する。またインフレは、海外要因によるものであっても、内生的なものであっても、国民の生活に影響を与える。金融政策が、中央銀行のバランスシートが極めて大きいという新しい制約のために、内外のインフレ環境に機敏に対応できない場合、再び2010年代と同じように供給構造の変化を妨げることになってしまうかもしれない。

このように、インフレ目標実現の時間軸を、マクロ経済の供給構造の変化のスピードを勘案せずに設定することには問題がある。特に、日本経済のように大きな環境変化に直面している

場合にはなおさらそうである。したがって、インフレ目標の時間軸はあくまでも長期的なものとし、金融政策が、景気循環に沿って反循環的に動くマクロ安定化政策としての本来の機能を、一定程度、果たせる余地を確保した方が、長い目でみた日本経済の発展に資するのではないか。金融政策は、その機動性が特徴であり、それを十分に活かした運営が望ましい。

3　2%のインフレ目標の是非

2%という水準の由来

日本経済をより元気にするため、マクロ経済の供給構造をできるだけすばやく変化させようとする場合、それに時間がかかることを考えると、あらかじめ期間を区切って2%インフレを達成しようとすることには副作用がある。その点を前節ではみた。他方、2%という具体的水準のインフレ目標を設定することに問題があるという指摘もある。特に、2020年代央にかけて急速に円安が進んだことと関連して、それは2%インフレを確実なものにするために金融緩和の度合いを修正できないためだとの批判がなされた。

マネタリストの本家であるミルトン・フリードマンは、貨幣が存在する下では、それを保有する限界費用がゼロとなるような金融政策が最適であると主張したとされる。いわゆる「フリードマン・ルール」と呼ばれるものだが、無理をして2%インフレにしないでも良いという議論において、これがしばしば言及される。

フリードマン・ルールは、2%インフレになれば色々なことがうまくいくという主張とは随分と違うが、急速な円安進行を背景にこうしたロジックが脚光を浴びるというのも皮肉である。理論的にはフリードマン・ルールのような考え方がある中で、2%のインフレ目標が支持されてきたのは、それが世界標準だからだという実践的な判断もあってのことだろう。

そうした実践的な横並び論ではなく、理屈として2%を正当化しようとする場合、①物価指数の持つバイアス、②景気悪化の際の金利引き下げのための糊代の必要性、③購買力平価の観点から他の先進国と同程度のインフレでないと為替レートに切り上げ圧力が加わる、といった点がしばしば言及される。さらに理論的には、勤労世代と引退世代というライフサイクルを考え、人口動態を織り込むと、一定のインフレ率とそれに見合った金利の実現が経済厚生を最大化させるとの研究もある。[34]

このように考え方は様々あるが、なぜ2%なのかということに対しては、最後までよく分からないところも残る。歴史的には、インフレ目標そのものは、もっと高いインフレ率の状態が続く中で、それを抑制するためどうしたら良いかというところから出てきたものだ。したがって、おそらく、経済主体のインフレ期待を可能な限り引き下げた場合、どれくらいが最低限かという見当の中で２％の水準が出てきたのだろう。

そうした目標を０・５％刻みにするのもあまり説得性がなく、かつ水準として４％では高すぎると判断したとすると、１〜３％ということになる。しかし、１％では上記①のような技術的な理由が明らかにあるので低すぎる。３％では、インフレ率を引き下げようとするのであれば迫力不足だ。高インフレを抑えるために、可能な範囲でできるだけ意欲的な目標の方が良かったに違いない。そのような判断から２％という水準が出てきたように思えてならない。

１％では再びマイルドなデフレに陥る可能性

そうだとすれば2%は、元々、是が非にもすぐに実現しなければならない水準ではなく、しかしインフレ期待を安定させる上では、中央銀行として常に意識していたいという性格の水準なのではないか。さらに日本経済について言えば、１９９０年代以降、だいたい10年に１回程度、大きな需要ショックを経験し、その度にマイルドながら消費者物価上昇率がマイナスになるというデフレに陥った。そのデフレになる前のインフレ率は、消費税増税の影響を除けば概ね1％程度だった。

繰り返す大きな需要ショックの度にマイルドなデフレに陥ったことが、企業が事業計画を立てる際の将来に向けての期待形成に一定の影響を及ぼしたという議論は前章でもした。そうした経験が、企業のリスクテイクの度合いを抑制する方向に作用したのではないかという仮説である。

そう考えると、2020年代央において、せっかく、設備投資意欲を再び高めつつあるように見受けられる企業のマインドを挫かないためにも、1％のインフレで良いということにしてはいけないのではないか。前節で述べたように、インフレ目標はあくまでも長期のものと位置付けた上で、しかし長い目では2％を目指し、今後も起こるだろう大きな需要ショックの下でも、例えマイルドでもデフレに再び陥らない経済を目指す。そういう中央銀行の意思が明確であった方が良い。

他方、2020年代央の日本経済においても、インフレ期待が安定的に2％にアンカーできるかどうかはまだ不確実だ。また何らかの需要ショックが入って、インフレ率は低下してしまうかもしれない。その場合は、マイルドであってもデフレを避ける観点から、速やかに需要刺激の方向に金融政策もスタンスを切り換えた方が良い。しかし、その後は、インフレ期待が

2％にしっかりアンカーされるまで金融緩和の度合いを変えないのではなく、長期的にそれを実現させるという意思を明確にしつつ、反循環的に金融環境を変化させるべきではないか。それが、反循環的に動くマクロ安定化政策としての金融政策の本来の姿であり、そのような金融政策のダイナミズムは供給構造の変化をサポートするものにもなるはずだ。

なお、マイルドであっても繰り返しデフレに陥る経済で、企業の設備投資が抑制されるロジックについては、理論・実証の両面で検討が必要である。企業の生産する財（モノ）・サービスの価格が、景気後退局面で一定の確率でマイナスになるような状態と、景気後退局面においてもそうしたことが起こらない状態とで、企業のリスクテイクが違うということが説得的に示されなければいけない。

債務が名目額で固定されるという仮定には、さほど抵抗感がないだろう。その下で、自らの倒産確率を一定以下に抑えようとする企業が、その企業のアウトプットである財（モノ）・サービスの将来の価格環境に対する予想の違いによって、その資産の拡大スピードを変えるというようなモデルになるのだろうか。完全な合理的期待を仮定すると、そうしたある種の錯覚のようなことは起こらないだろう。しかし、実際に日本で起きたことを振り返る時、このような側面があったのではないかと感じられてならない。

企業活動において、名目の売上額の見通しは様々な経営計画を立案する際の出発点である。

それがマイナスになる可能性がある下では、どうしてもリスクテイクについて控え目な姿勢になりがちだという仮説には一定の説得力はありはしないだろうか。いずれにしても、そうした理論モデルを作った上で、さらに実証分析をしていく必要があることは言うまでもない。

景気の平準化と2%インフレの実現

さて、それでは過去においては実際にどうしたら良かったのであろうか。繰り返し述べてきたように、金融政策はマクロ安定化政策として景気に沿って反循環的に動くものだということと、2%インフレ実現の関係はどう整理できるだろうか。こうした思考実験は、より良い将来を実現する上でも大事だと思われる。

もっと早い段階で2%インフレを長期の目標として設定していたとすれば、過去の景気後退局面における金融緩和はもっと果敢であっても良かったことになる。その上で、景気の谷を過ぎたら金融緩和の度合いを中立方向に戻す。どこまで引締めを行うかは、インフレ率そのものだけでなく、マクロ経済の供給構造の変化を確認しつつ、それを踏まえた完全雇用が実現しているかどうかの判断も重視する。そのようにして、景気循環をいくつか経験しつつ、長期的に2%のインフレを実現していく。そういうストーリーも描ける。

これは画餅かもしれない。それは、結局、裁量的な総合判断ではないかということにもなるだろう。しかし、バブル崩壊後、今日までの日本経済を振り返ると、ただ直線的に金融緩和を強化してもなかなか展望はひらけず、また短期的にインフレ期待を2％にアンカーしようとしても一定の副作用が生じる、ということが教訓として残る。その双方の教訓を融和させると、上述のようなアプローチに到達しはしないだろうか。もちろん、こうした考え方をナラティブへと昇華していくためのコミュニケーションが、極めて難しいだろうことは言うまでもない。

インフレ期待が低すぎる状況における景気循環に沿った金融政策

インフレ期待を2％にアンカーさせることの是非はすでに議論した通りだが、過去の金融政策は、マイルドなデフレが繰り返す下で行われ、平均的なインフレ率をもっと高いものにしたいという意図が中央銀行にもあったはずだ。そのように、インフレ期待を引き上げようとする下での、上述のような景気循環に沿った反循環的な金融政策は、そうでない場合に比べ一段と困難だったと考えられる。

例えそれがマイルドであってもデフレにならない状況での景気循環に沿った反循環的な金融政策は、ちょうど今日、米国で実践しているそれに似るのではないだろうか。米国の金融政策については、「政策金利という1つの政策手段で、物価の安定と雇用の最大化という2つの目標の達成はできない」という、理屈上はその通りである批判を受けてきた。しかし、労働市場の観察を金融政策の判断に織り込んできたという意味で、本書で議論しているマクロ経済の供給構造の変化スピードにも注目してきたことになる。

日本の場合、それに加えて、インフレ期待を引き上げるという課題があった。また、経済の供給構造の変化をできるだけ速やかに進めるためには、すでに触れたような高圧経済の実現が大事だという主張もあり得る。他方で、金融緩和が長期的にみて持続性のない古い供給力の温存に繋がれば、供給構造の変化はなかなか進まない。このある種の矛盾はどう解決すれば良いだろうか。

インフレ期待の引き上げのためには、景気循環を通して、金融緩和による需要刺激が一定程度強く作用するという点を企業、家計に納得させなければならない。しかし、それで経済の供給構造の変化が遅延したのでは、景気循環を通して測った潜在成長率も上がらない。そのような状況での金融緩和の度合いの評価においては、①労働市場において、労働移動のスピードが低下しすぎていないことの確認、②企業活動の点検において、高生産性企業と低生産性企業を意識した評価を行うこと、が大事になるのではないだろうか。

供給構造の変化の観点から、上記①の労働移動のスピードが低下しすぎることが望ましくないのは明らかである。この点について、過去の実績を分析することで一定の目線を持てれば、金融緩和を強化する場合もある種の臨界点がみえてくる可能性はないだろうか。つまり、労働移動のためのセーフティ・ネットを整備した上で、供給構造が大きく変化しない場合に比べ、少し高い失業率を受け入れるということである。一方、上記②の企業の生産性の違いに関しては、議論はもう少し複雑になる。

金融緩和によって、長期的に存続できない低生産性の企業が増えてしまうことも、供給構造の変化を遅らせる。したがって、そうした属性の判断は難しいが、高生産性企業と低生産性企業とを区分してみる必要が生じる。もちろん、現実的にはその区分は二者択一ではなく、企業群の一定の分布を考えることになるはずである。そして、今は低生産性であっても、これから成長が期待されるようなスタートアップ企業もあるだろう。したがって、観察と評価は丁寧に行わなければならないが、金融緩和の下で、相対的に今後とも低生産性のままであると判断される企業群の活動までもが維持されてはいないかというミクロ的な視点での確認が大事になるのではないだろうか。

ただし、一般に、企業規模の大小と、例えば利益率でみた生産性には一定の正の関係をみてとれる。つまり、一般に大企業の方が高生産性だという見方である。(35) したがって、高生産性企業重視の見方は、中小企業いじめだとの批判にも繋がるだろう。実際、そうした批判の下で、なかなか金融緩和の度合いを調整してこられなかったというのが、バブル崩壊後の日本経済の歴史でもある。

しかし、経済の供給面をより持続可能なものへと変えていく重要性を改めて認識し、かつそうした変化の萌芽が景気後退期にこそ生まれることを踏まえれば、低生産性の企業群ばかりをみて金融緩和度合いを判断すべきではないことになる。むしろ、低生産性が原因で持続可能性が問われている企業群にとっては、マクロ的な金融環境の緩和と言うよりは、ビジネスモデルをどう変えるかが重大な問題であり、その点を有効にサポートする政策対応が求められる。

そうした企業のビジネスモデルの転換の円滑化をサポートする政策は、必ずしも金融政策の範疇には入ってこない。しかし、景気循環に沿って反循環的に動き経済のダイナミズムを取り戻す金融施策を実現するためには、中央銀行はそうした分野に関しても常に意識的に判断を持ち、できる範囲で行動することが求められるのかもしれない。すでに使った、経済の供給構造の変化を促す力が強く作用している際には、そうでない場合に比べ、少し高い失業率を享受するという言い方と類似の表現をするとすれば、少し高目の企業の退出率を受け入れるということになるだろうか。

また、インフレ目標を実現する時間軸については、これもすでに論じた通りだが、日本においては、1つの景気循環でインフレ期待を目標値にアンカーさせることは難しいかもしれない。

今回のインフレ局面でも、インフレ期待が2％にアンカーできるかどうかはなお不確実だ。それができなければ、もう安定的な2％インフレの実現は日本では不可能という悲観論も出るかもしれない。

しかし、景気循環に沿って反循環的に行う金融政策にあっては、1つの景気循環でインフレ期待が2％にアンカーできなくても、物価環境、労働市場の状況などから判断して必要となれば、再び金融緩和に転じて良い。それでも、中央銀行のコミュニケーション次第では、長期的にみて、もうデフレには戻らず、相対価格が変化し続ける物価環境が維持されるという期待を定着させることは可能なはずだ。次の景気拡大期においてこそインフレ期待が目標値にアンカーされるという見方が全く失われてしまうとは限らない。

4 超金融緩和が生んだ円安

円安が進んだ背景

次に、金融政策運営において為替レートをどう位置付けるかという点について議論したい。金融政策では為替レートの水準の誘導は考えないというのが、先進国では共通の公式見解となっている。しかし、金利水準と為替レートは密接に関連しているので、金融政策と為替レートが無関係だとも言えない。

特に２０２０年代に入り、為替レートの円安傾向が定着し、２０２２年以降は急速な円安が進んだ。その背景には、何と言っても、日本と米国をはじめとする他の先進国との金利差の拡大がある。ただ、それだけでなく、日本経済の実力の結果としての円安という側面もよく指摘される。２０１０年代には貿易収支の黒字基調が消え、海外要因でエネルギー価格が上昇すると貿易収支が赤字になるという展開が定着した。第１次所得収支（直接投資収支、証券投資収支など）の黒字があるので、経常収支の黒字は持続しているが、その内訳はここへ来て大きく変わっている。

加えて最近では、第1章でみたように、サービス収支の中のデジタル関連の赤字が傾向的に増加している。ウェブサイトの広告スペースへの支払い、ソフトウェアの購入やダウンロードの代金、クラウドサービスの利用料、音楽・映像の配信にかかる各種ライセンス料などでサービス収支の赤字が拡大している。これは、すでに述べた日本経済が情報通信技術革命のビジネス化に乗り遅れたことの1つの帰結である。

このように海外との取引のあり方が変化した結果として、円安が進んだ面もあるだろう。良く聞く説明は次のようなものだ。第1次所得収支の黒字は、それを日本円に変えて国内に還流させず、海外に再投資される部分が大きい。一方、デジタル収支にかかる支払いは、日本円を例えば米国ドルに変えて支払われる。そのため、同じ経常収支黒字の下でもフローの為替需給が変化し、これまで以上に円安圧力が強くなっている。

こうした説明は、為替レートが、フローの需給ではなく、ストックの金融資産の選択の中で決まるという考え方とは整合しない。しかし、現実に起こっていることは、本書で振り返っている1990年代以降の期間でみて、2020年代央は名目の為替レートが対米国ドルで最も円安の圏内にあるということである。それだけでなく、日本円の対外的購買力という観点でみても、1973年に変動相場制に移行して以降、今日の日本円は最も安い圏内にある。その点は、実質実効レートの動きから確認できる（前掲図表1－3）。

さらに、資産運用立国が言われる中で、家計の金融資産ポートフォリオの再配分が進んでいくことが、新しい円安圧力になるという指摘もある。経常収支がなお黒字ということは、国内の貯蓄－投資バランスは引き続き貯蓄超過であることを意味する。その貯蓄超過分は、これまでは国内の金融資産に留まる部分が大きかった。ホーム・バイアスと呼ばれる傾向である。

その背景には、2010年代初までは、少なくとも名目の為替レートが、傾向的に円高になってきたということもあっただろう。しかし今日、新NISAの開始などもあって、家計の金融資産ポートフォリオ再配分の機運が高まっている。これまでの円建ての金融資産の一部は、分散化の動きの中で、外貨建ての投資信託などに向かい、それが新しい円安圧力となっている可能性もある。

行きすぎた円安だったのか？

2024年7月の日本銀行の政策変更前などには、円安が行きすぎたという感覚が広がった。ただ、米国の金融政策は緩和方向に切り替わった。一方で、日本の金融緩和の度合いの修正は、ゆっくりとしたものになりそうだ。日本のインフレ率の基調が、これまでの円安によっ

図表 4-1　日米の 1 人当たり名目 GDP（市場レート評価）

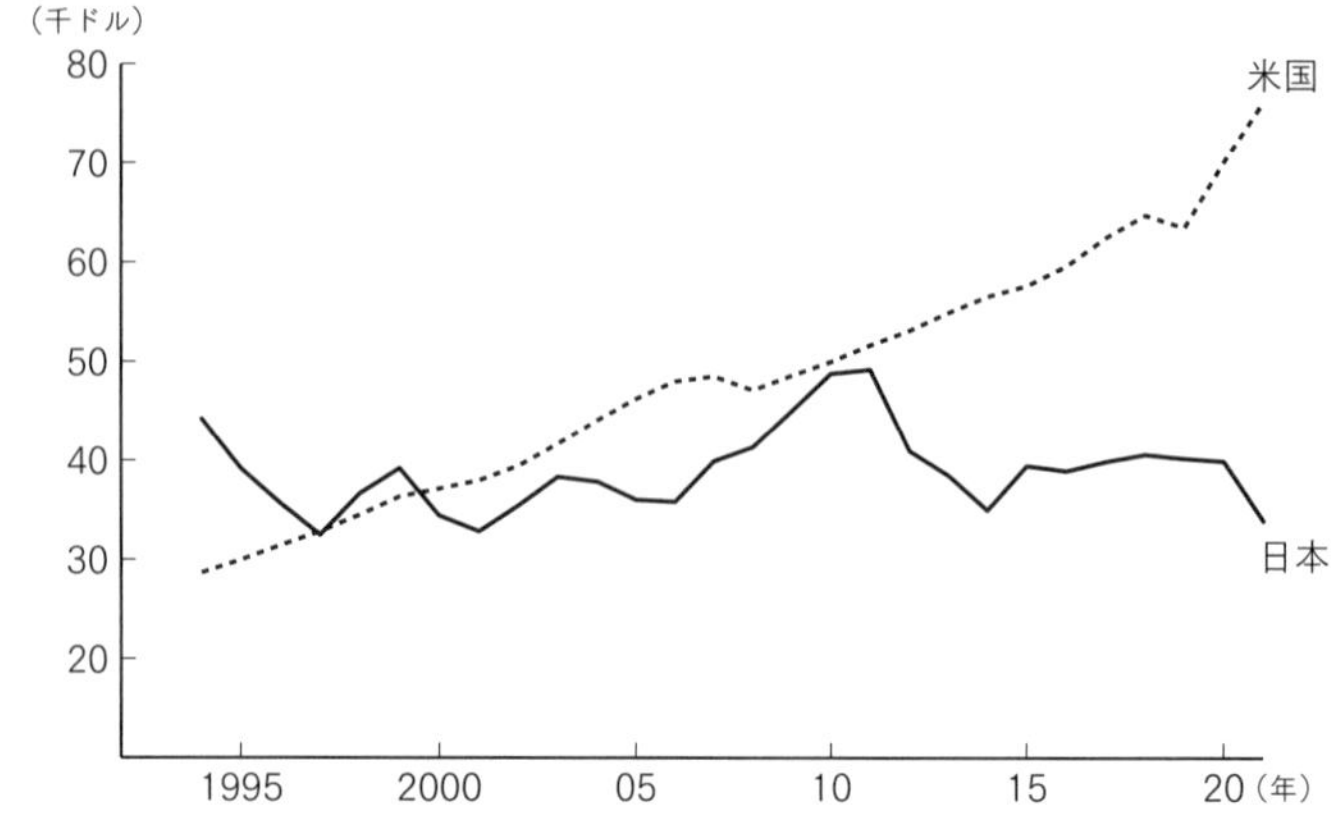

（出所）OECD Stat.
（注）為替レートは"Current price"を使用。

て大きく影響を受けたとまでは判断できない。これらのことからすれば、金利差からくる円安圧力はほぼピークなのだろう。それでも、対外的な購買力の観点から、現在の円相場は、ちょっと円安に振れすぎているのではないかというのが、多くの日本人が感じている正直な印象だろう。

例えば、日本と米国の１人当たりの名目GDPを、市場レートで換算したドル建ての水準で比較すると、現状、日本は米国の半分以下になってしまう（**図表４－１**）。高齢化が進み、新興国経済の追い上げを受け、情報通信革命に乗り遅れた日本経済だが、１人当たりが生産する名目付加価値額が本当に米国の半分以下なのか。**図表４－１**をみると、１９９０年代後半には日本の１人当たり名目GDPは米国より高かった。そうした状態が正当化できるとも思われないが、足元で日本は米国の半分以下と言われると、直感的に疑問を感じはしないだろうか。

それを是正する上で、大きく開いた日米の金利差を縮めることも考えられる。しかし、もし現在の円安が日本経済の実力がもたらしたものなら、現在の為替レートを判断材料としてそうした対応をとることは誤りになる。そもそも、金融政策は為替レートを誘導するためには行わないというのが、先進国中央銀行に共通する公式見解である点はすでに述べた通りだ。現在の、行きすぎとも感じられる円安との兼ね合いで、この点はどう考えればよいのだろうか。

マクロ経済の変数としての為替レート

そもそも論になるが、日本のようなマクロ経済を考える際の基本的な経済変数を最小限に絞ると、①実質でみた経済の規模（すなわち実質GDP）、あるいはその時間を通じる変化である実質経済成長率、②一般物価水準、あるいはその時間を通じる変化であるインフレ／デフレ率、③金利、④為替レート、になると整理することができる。というのも、それ以外に思い付く重要な変数については、ほとんどみな、これら4つの変数の組み合わせで説明ができる別の理屈が存在しているからである[36]。

この枠組みで考えると、金融政策によって変化する金利が、金融市場で自由に形成される為替レートにも影響し、それらの下で成長率とインフレ率が決まる。金融政策が、為替レートをみて行われていなくても、内外金利差が為替レートに影響するという金利平価の考え方は、金融市場で広く受け入れられている。したがって、マクロ経済において、政策当局が直接操作することのできない実質経済成長率とインフレ率は、金利とその影響を受ける為替レートの双方から影響を受けるのである。

なお、ここでの金利は、本来、短期の政策金利ではなく、後述するマクロ経済全体にとっての金利であるべきだろう。マクロ経済全体への影響を考える場合には、イールドカーブの形状や信用リスクに応じた金利の状況も考えなくてはいけない。しかし、現実にはそうしたマクロ経済全体にとっての金利は観察できない。また、本書ではそうは考えないが、そのマクロ経済全体の金利が、政策金利と1対1に対応すると仮定することもできる。そのため、実際にマクロ経済モデルを作成する場合、政策金利だけを使うことも多い。

他方、為替レートは、内外金利差以外にインフレ率の差の影響も受けることが、これも一般的に受け入れられている。これは、低インフレの国の通貨は高インフレの国の通貨に対して切り上がる（逆は逆）という購買力平価の考え方である。同じハンバーガーの価格は、違う国でも同じになるはずだというような考え方である。

国境を越える経済活動には、金融取引もあるし財・サービスの輸出入もある。それら全部に関係する通貨の需要と供給によって、1つの為替レートが決まる。したがって、為替レート変化の要因を考える場合も、そういう複雑な性格を勘案し、少なくとも金利平価と購買力平価の両方は考える必要がある。

金融政策に為替レートをどう位置付けるか

最適な実質経済成長率と最適なインフレ率の関係は、インフレ目標を設定する場合は、目標とするインフレ率が実現している時に実質成長率が最適になる、すなわち潜在成長率が実現するという整理になるはずである。そのように考えると、2%のインフレ目標を設定する場合、現在の円安が2%インフレの実現をどれだけ阻害するかという点が、中央銀行にとっては重要な判断材料になる。また、そうした最適な経済変数の組み合わせを実現するための時間軸は、長期であることが望ましいという点はすでに述べた通りである。

2022年以降、日本経済は久しく経験をしたことのない高いインフレに見舞われた。当初、それは一過性とみられたが、実際は想定以上に高いインフレが長引いている。中央銀行にとっては、この目標を上回るインフレのために、長い目でみて最適成長率が実現されないかもしれないというのが1つの心配事となり得る。他方、日本で経済活動を行う企業、家計のインフレ期待が、まだ完全に2％にアンカーできていないとすれば、ここで金融緩和の度合いを引締め方向に調整したのでは、2％インフレ実現の千載一遇のチャンスを逃してしまうかもしれない。2024年の時点で、日本銀行はそのバランスに悩んでいたと言える。

結局は総合的な判断にならざるを得ない。ただ、今後、もし普通の金融政策に戻っていくのであれば、その普通への戻り方を、インフレ率が高い時にはちょっと速く、外生的要因によるインフレ圧力が弱まってきたらちょっと遅く、というように調整することも考えられる。それが、景気の循環に沿って反循環的に動くという本来のマクロ安定化政策としての金融政策でもある。

為替レートの決定要因

以下、やや技術的な話になるが、為替レートの決定については、①金利平価、②購買力平価の2つが金融市場で広く受け入れられていることをすでに述べた。この両者は、次のようなかたちで組み合わせることができる。まず、為替レートの予想変化率について、内外金利差とそれ以外の部分で説明できるという「カバーなし金利平価」の考え方がある。ここで、金利について、フィッシャーの関係式、すなわち名目金利は実質金利と期待インフレ率の和であるという関係を導入する。そうすると、為替レートの予想変化率は、次のような式で表すことができる。

為替レートの予想変化率 ＝ 内外の実質金利差 ＋ 予想インフレ率の差 ＋ 残差

ここで問題なのは、まず予想をどう組み込むかということである。それには様々なアプローチがあり、ここでは為替レート決定のモデルを厳密なかたちで作成することはできないので、予想形成のメカニズムを組み込まずに考える。すなわち、以下のような試算によって、実際に上記の①、②の要因がどれくらい寄与しているのかの見当を付けてみた（**図表４－２**）。

前期から今期への為替レートの変化率の実績
＝ 前期の内外実質金利差 ＋ 前期の内外インフレ率 ＋ 残差

図表４－２では、為替レートは日次データの月中平均を使い、金利は、本来は短期金利を使うべきだが、それがほとんど変化していない期間もあるので長期金利を使った。変化については前月比をみている。

その結果から、２０００年代以降の日本円の対米国ドルに対する変化について、上式の要

図表 4-2　ドル円レート変動の要因分解

前月比の変化（プラスが円安）

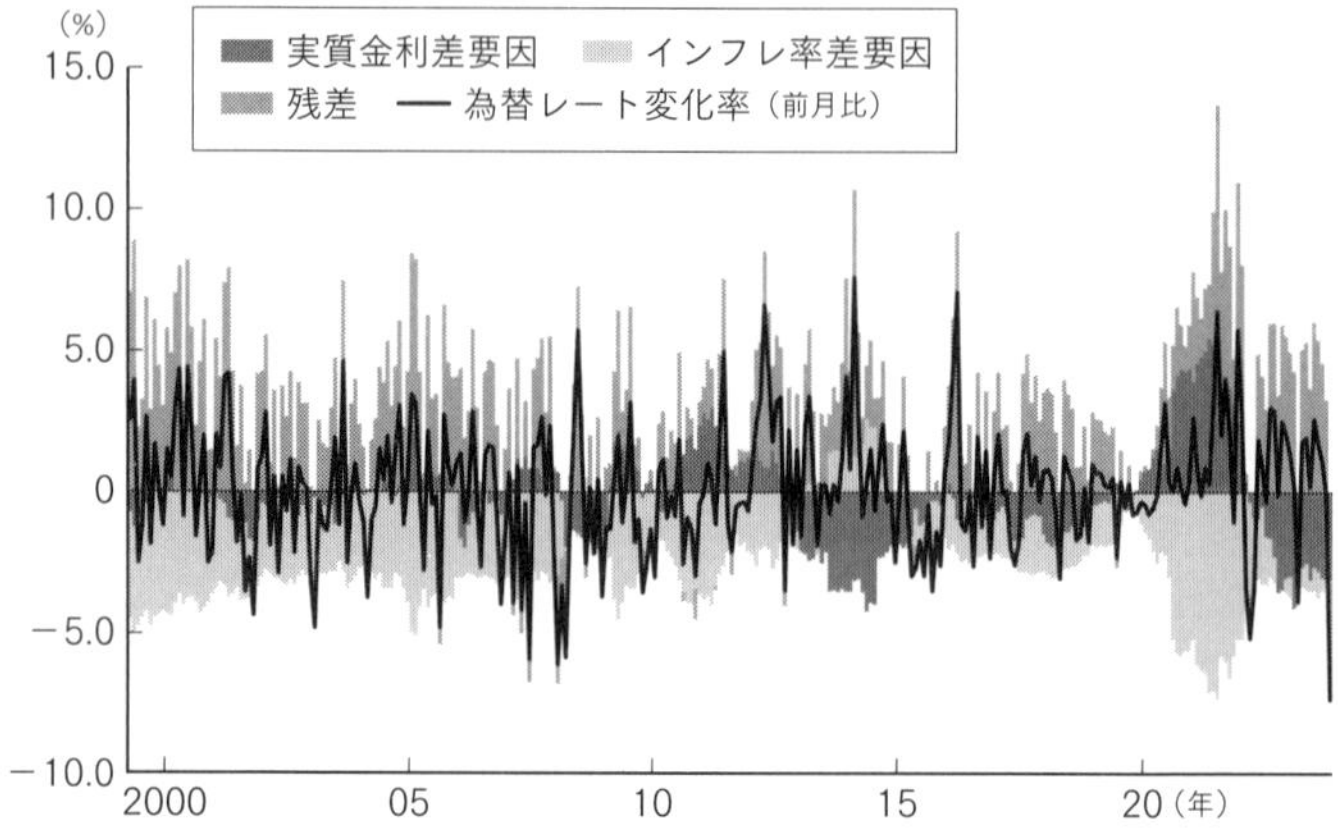

年代ごとの平均（プラスが円安）

（%、%ポイント）

	ドル円レートの前月比の平均（%）	（寄与度）実質金利差要因	インフレ率差要因	残　差
2000 年代	− 0.09	− 0.2	− 2.8	2.9
2010 年代	0.19	− 0.6	− 1.3	2.1
2020 年代	0.37	− 0.3	− 1.7	2.4

（出所）日本銀行、「外国為替市況」
総務省、「消費者物価指数」
財務省、「国債金利情報」
Bureau of Labor Statistics、“Consumer Price Index”, Board of Governors of the Federal Reserve System、”H.15 Selected Interest Rates”
（注）為替レートは17時時点での東京市場のレートの月中平均。金利は日本は10年物国債の流通利回りの月次平均、米国も同様。インフレ率は、日本は消費者物価指数（総合）の前年比。米国はConsumer Price Index for All Urban Consumersの前年比。
2020年代は2024年8月まで。

因の寄与をみると次のようなことが分かる。

① 実質金利差の要因は、長期の平均でみると円高圧力となってきた。
② インフレ率差の要因も、長期の平均でみると円高圧力となってきた。
③ 残差としてのその他の要因は、大きな円安圧力となっている。
　特に２０２３年以降については、以下のようになっている。
④ 実質金利差の要因が円安圧力に変わっている。
⑤ インフレ率差の要因による円高圧力が小さくなっている。
⑥ 残差としてのその他の要因による円安圧力が大きくなっている。

　このように、２０２０年代の円安化は、日本経済の実力低下を反映すると考えられる実質金利差による円安圧力、および日本もインフレになりインフレ率差による円高圧力が、それぞれ小さくなり直近ではほぼ消滅している、ということによってある程度説明できる。しかし、無視できないほどに残差としてのその他要因が円安化に寄与している点も気になる。これはリスク・プレミアムの高まりとみることもできる。**図表４−２**からは、長期の平均でみても、このその他要因による円安圧力は、２０００年代以降、一貫してかなり大きいことが分かる。

　ここからは、米国ドルと日本円の間では、実質成長率とインフレ率の違いでは説明できない要因で、継続的に為替レートが円安化してきた可能性をみてとれる。これは、日本円を保有することのリスクが米国ドルに比べて高まっていることを意味していると考えられるが、それは何によってもたらされたのだろうか。ここまでの議論でははっきりしたことは分からないが、考え得るのは、地政学的環境の変化や財政赤字の拡大といった要因だろう。

こうした要因による円安圧力は、日本経済の将来性に関する悲観的な判断の強まりと解釈することもできる。いずれにせよ2020年代に入って、経済の実力を反映すると考えられる実質金利の差と物価環境の違いを反映するインフレ率の差の要因も円安圧力の方向に変化したが、それ以上に、それらでは説明できない要因で円安が進んでいる面があるようである。

金融政策運営において、為替レートをどう考えるかという点については、金利と為替レートの間に一定の関係があり、双方が成長率、インフレ率に影響を与えると考えられる以上、無関係ということにはならない。ただ、金融政策は為替レート自体を直接の判断材料とはしないということも先進国間では了解されている。結局のところ、為替レートの変動が、成長率、インフレ率にどういう影響を与えるかという判断を、政策金利を動かす際の一つの材料にするという説明になるのだろう。

為替レートが、成長率、インフレ率にどのようなルートを通じて影響を与えるかも、現実には非常に複雑である。金融政策にとって、為替レートの変動は、常に注意すべき材料ではあるが、決してそれだけが重要な材料ではないという、非常に微妙な存在と言えるのではないだろうか。

また、2024年に入ってからの円安の背景には、原因は特定できないがリスク・プレミアムの高まりによる円安圧力もかなりありそうである。金融政策運営の観点からは、それが今後、国内のインフレ圧力にどう結び付いていくかが重要になる。これまでの日本銀行の説明からすれば、もし、インフレ期待が2％の目標を超えてアンカーされるリスクが高まるのであれば、それに対応して内外金利差を縮めるよう動くということになるのだろう。その際、その内外金利差が、他の先進国側の理由で今後縮む方向に変化する見通しにあることは当然考慮されるだろう。

他方、すでに2年以上2％を上回るインフレが続いており、かつ景気は後退していない。その下で、長短の実質金利は非常に低いマイナスの水準となっているので、名目金利がプラスの世界へと戻っていくのは自然な動きである。そして、その金利ある世界に戻るピッチは、インフレ率が高い時は速く、インフレ率が下がってきたらゆっくりにというのも、マクロ安定化政策としての金融政策では当然のことだろう。

5　経済のダイナミズムを取り戻す金融政策への道筋

以上、第3章の冒頭で整理した、本書の金融政策に関する6つの問題意識のうち、金融政策運営上の論点と思われる4点について本章で取り上げた。今後は、大きな需要ショックがあってもマイルドなデフレが繰り返されないようしたい。それは、企業のリスクテイクを挫かないために重要である。したがって、2%のインフレ目標を長期的な時間軸で達成していくというスタンスが望ましい。これが本書の基本的な主張である。

しかし、日本経済になお残っている、色々なことがうまくいっていないという感じを完全に払拭する上では、同時に日本経済が供給構造をできるだけ円滑に新しい環境にフィットしたものへと変化させていくことも重要である。その供給構造の変化とは、企業部門全体としてみて設備、雇用といった経営資源の再配置を進めることである。金融政策は、その再配置をできるだけ円滑にするものでもなければならない。そのためには、景気の循環に沿って動く反循環的なマクロ安定化政策としての金融政策の機能を忘れないことも大事である。そうした金融政策こそが普通の金融政策なのではあるまいか。

そうした日本経済のダイナミズムを取り戻そうとする金融政策の運営を考える上で、なおいくつかの論点が残っている。普通の金融政策へと戻る道筋にあるそれらの論点について、以下で言及したい。

日本銀行が保有する国債がマクロ経済全体の金利に与える影響

伝統的な金融政策、あるいは普通の金融政策は、短期の政策金利を操作するものだが、マクロ経済における様々な経済活動には、長短金利、あるいは信用度に応じた様々な金利が、全体として影響を及ぼす。(37) 実質成長率、あるいは最適な実質成長率を実現するための最適なインフレ率は、マクロ経済全体として観察されるものであり、それに対しては金融環境が全体として影響を与える。

日本銀行の金融政策運営に関する判断が、政策金利の動きに集中して現れるようにする上では、日本銀行が保有する国債をどう削減していくかは、できるだけ機械的である方がよい。日本銀行の保有国債の減少のあり方に、金融政策上の判断は投影されないという整理の方が、日本銀行と金融市場とのコミュニケーションは分かりやすくなる。

そうではあっても、日本のマクロ経済のあり様には、短期の政策金利だけが影響を与えるのではなく、一定の金融政策運営スタンスの下で、長期金利がどうなるか、および信用度に応じた金利がどうなるかも重要である。日本銀行のスタッフからも、日本銀行が保有する国債の残高が長期金利を無視しえない程度に押し下げているという結論のリサーチが示されている。(38)日本銀行がどうそのバランスシートを変化させていくかは、これからマクロの日本経済をどう運営していくかという観点からは無視できない要素である。

中立金利と自然利子率

このように、日本経済への影響という観点からは、マクロ経済全体にとっての金利を考えるべきだが、その金利には、政策金利の動きと日本銀行のバランスシートがどうなっていくかという2つのことが、どちらも重要になる。そのうち政策金利については、普通の金融政策の中で、最終的にどれくらいの水準になるかがしばしば議論され、その中で「中立金利」という概念が出てくる。

これとは別に、前章でみた自然利子率という概念もあり、この自然利子率に対応する名目値の金利が中立金利であると整理されることが多い。しかし、それが短期のものなのか、あるいは長期のものなのかということは、必ずしも明示的に意識されない印象がある。

中立金利が自然利子率に対応するものなのであれば、それは短期でも長期でもなく、本来、本書で議論してきたマクロ経済全体にとっての金利なのであろう。そして自然利子率については、前章でみた通り、足元の水準を明確に知ることは難しいという点は多くの論者の共通認識であり、日本銀行も「モデルによって、－１・０％から＋０・５％の範囲でばらついて」いるとしている。[39]

そういう性格の自然利子率に対応させた中立金利を考えるのであれば、少なくとも2段階に分けて考える必要がある。まず、実質金利を名目金利に引き直さなければならない。2％インフレが最適とすれば、それを加えれば良いから、これは簡単だ。次に、名目のマクロ経済全体にとっての中立金利を考え、さらにそれに対応する政策金利を考えるという順序になる。これは必ずしも容易ではない。

すでに述べた通り、１９９０年代まではインフレ率（消費者物価前年比）と長期金利（10年もの国債利回り）の間には、ごく大雑把にフィッシャーの関係式、すなわち「名目金利＝コンスタントな実質金利＋インフレ率」という関係が認められた（前掲**図表2－3**）。その実質金利は、自然利子率とも密接に関係しているはずであり、かつそれはこれまで次第に低下してきているという点では、様々なモデルの推計結果もほぼ一致している。

この経験則からすると、現在、自然利子率が成立している時の実質の長期金利が0～1％の間でプラスであるとすれば、2％インフレが定着した際の名目の長期金利は2％より大きいことになる。今、考えようとしているマクロ経済にとっての中立金利に対応する政策金利は、その下でのイールドカーブの出発点ということになる。現在の日本経済の状況、とくに人口動態、財政バランスを勘案した場合、そのイールドカーブの傾きはどう想定すれば良いだろうか。

こう考えてくると、中立金利の議論は、本来は中立な均衡イールドカーブの問題として捉えるべきであることに気が付く。[40] さらにその際、今後、加速することが望まれる日本経済の供給構造の変化と整合的な均衡イールドカーブを想定する必要があり、技術的にも、説明の上でも困難さは増す。それでも、金融環境の中立性を議論する上では、マクロ経済の構造的な変化を織り込むことが重要だという本書の問題意識は強調しておきたい。人口動態を例にすれば、今後、働くことができる人が少なくなり、しかし高齢者がこれまでより働くようになる社会で完全雇用が実現されるマクロ経済にとっての金利群が中立的な均衡イールドカーブになる。

2024年末の時点において、日本の政策金利はなお実質で大きなマイナスとなっており、先進国の中でそうした経済は日本だけである。10年物国債の流通利回りでみた長期金利についても同様である。2%以上のインフレが2年以上続き、他方で決して景気後退に陥っているわけではない。ゆっくりと新しい均衡イールドカーブに近づいていく過程にあると理解されるが、それにしても実体経済のあり様と金融市場で観察されるイールドカーブが乖離している感も拭えない。そのことがすでにみたように自由に動くことができる為替レートにも影響しているはずである。先進国のインフレ率が収斂しつつある今、実際のイールドカーブのあり方が現状のようなもので良いのかどうかの判断が、ますます議論の焦点になっていくのではないだろうか。

さて、ここでさらに議論を複雑にするのは、金利はあくまでも個々の信用仲介において発生するものであり、マクロの金利は実はその集計値だという点である。人口が減っていけば、国内経済における金融仲介の量あるいは件数は減っていくかもしれない。しかし、金利は実際に取引が行われた金融仲介についてだけ形成されるので、全体としての金融仲介の量あるいは件数の減少が、直接的に平均の金利を変えるとは限らない。国内の貯蓄と投資が比例的に減っていくような場合には、均衡イールドカーブがあまり動かないケースも考えられる。

にもかかわらず、これまで人口動態の影響で均衡イールドカーブが傾向として全体に下がってきたと考えられるのは、国内の貯蓄と投資が比例的に減ってこなかったからである。つまり、貯蓄が高齢化に備えるという側面から減らない一方、投資が様々な要因から先行して減ってきたからだとも表現できる。別の角度からみれば、これは日本経済を長期にわたって表現しようとするマクロ経済モデルにおいて、代表的な家計と代表的な企業の属性が、実は時間を通して不変ではなかったことを意味している。

すでにみたように、日本の人口構成や家計のあり方は大きく変化している。働くことができない人口の比率は上昇傾向にあるし、家計を構成する人数も減少しており、家計の属性としても単身世帯が増えている。こうした変化の中で、代表的な家計の属性が不変という仮定はかなりきついものと言わざるを得ない。さらに企業についても、第1章で振り返った通り、1990年代以降、決して代表的な企業の属性が同じとは言えない。

このように、均衡イールドカーブ、あるいは中立金利の前提となる自然利子率を捉えようとする場合、マクロ的なアプローチからだけでは必ずしも実態はよく分からない。人口動態に典型的な、経済の供給面の構造変化の影響が金融仲介にどう表れるかをみる場合には、ミクロの観察も重要になる。マクロの金利は、信用度の違う主体が直面する金利によって構成されるので、それらの1つ1つがどうなっているかをみなくてはいけない。金融政策の当事者である中央銀行は、そうしたミクロ面の観察ができる立場にいる。

様々な金融仲介の全てがマクロの金融環境を作っており、それを概念的に総合して表現しているマクロ経済全体にとっての金利について、自然利子率という概念が成立するはずである。そして、それが基準となって中立金利も定義されるが、それを実際に推し量ることは難しい。金融市場で形成される様々な金利を頼りに、金融環境の適切性を判断し、その上で、ただ1つ操作可能な短期の政策金利を操作するという金融政策にならざるを得ない。それは決して容易なものではない。

「中立為替レート」もある?

ところで、中立金利という概念があるのであれば、「中立為替レート」というものも考えられはしないだろうか。一般均衡的なマクロ経済モデルの枠組みからすれば、政策的には操作しない為替レートが変化してしまえば、中立金利はまた違うものになるはずである。自然利子率が動かない場合でも、為替レート次第ではインフレ率が違ってくる。さらには、長期的な為替レートの動きは国内の貯蓄・投資にも影響を与え、自然利子率が変化してしまうかもしれない。そう考えると、政策金利だけで中立性を議論するのは難しいのではないだろうか。

マクロ経済全体の均衡を議論するのであれば、全体として1組の解に到達するはずであり、政策金利が最適値にある時は、他国の諸金利を所与とすれば、為替レートも同様に最適値であり、2%のインフレが最適なのであれば、それが実現され、さらに潜在成長率が実現すると考えられる。その時の最適値の為替レートは中立為替レートとも呼ぶべきものだろう。

しかし、常にそうした中立為替レートが実現するわけではない。為替レートがその中立な値から乖離した場合、それに反応して政策金利を変化させないと、インフレ率と実質成長率も最適化されない。為替レートについては、誤った水準に留まり続けること（misalignment）がある点は、これまでもしばしば指摘されてきた。その場合、その均衡から乖離した為替レートを前提に、その時の中立金利を判断しなくてはいけないことになる。金融政策は、為替レートを動かすことを目的には運営されないが、常に中立為替レートが実現されるとは限らないのであれば、金融市場で形成される為替レートの水準は、金融政策の重要な判断材料になる。

しかし中立為替レートと言ってみても、これも中立金利と同様、断定的にその水準が分かるわけではない。話は、巡り巡って、最適成長率とその前提となる最適インフレ率が実現されるよう、為替レートもみながら、臨機応変に政策金利をコントロールするという、目新しくはないが実践的な結論に戻ってこざるを得ないように思われる。

日本銀行のバランスシートの縮小は資産・負債の両方で起きる

本節の最初で、マクロ経済全体にとっての金利という観点からは、政策金利と日本銀行のバランスシートの両方が重要だという議論をした。その後段、すなわち日本銀行のバランスシートについて改めて考えよう。普通の金融政策が行われる時、政策金利だけがマクロ経済全体の金利に影響を与えるとしよう。そうなるためには、中央銀行のバランスシートの構成や大きさが、何らかの意味で定常状態にないといけない。

まず日本銀行のバランスシートの構成については、信用リスクに応じた金利の形成に影響を与えないという観点からは、上場投資信託（ETF）や不動産投資信託（REIT）は何らかのかたちでバランスシートから切り離されるべきだろう。この点については後述する。その上で、発行された国債の約半分を保有するに至った大きなバランスシートも縮小されるはずである。それが、どの程度の水準にまで縮小されるべきかについては、はっきりしない点が多い。

一般に、バランスシートの資産サイドが減少すると、当然、並行して負債サイドも減少する。日本銀行の場合、保有国債の減少は、大きく拡大した当座預金残高の減少とパラレルに起こるはずである。国債保有残高の定常状態を考えることは、当座預金のそれを考えることでもある。現在のように準備預金に関して膨大な超過準備が供給されている状態から、(41) 量的緩和が開始される前の、ほとんど超過準備がない状態に戻ることができるかと言えば、きっとそうではない。

まず、長く超過準備がある状況が続いてきたことから、法律上、日本銀行に開設した当座預金に準備預金を積む必要がある銀行等の金融機関において、どの程度の余裕を持ちたいかという意識が変わっている可能性がある。超過準備ゼロで積み期間を終えるためには、積み期間の最終日（毎月15日）に向け、かなり綿密な資金の出入りを管理する必要があるが、現在は、いずれの金融機関においても、そこまでの資金繰り管理は行っていないと思われる。

また、金融機関が当座預金に残す資金の残高は、準備預金法上で必要とされる準備預金の額だけで決まるわけではない。金融機関は、日本銀行に開設した当座預金を通じて、相互に資金のやり取りをする。ある日は、顧客からの資金の入金が増えるが、別の日は他の金融機関への振り替えが多額に上るというのが日々の資金繰りである。したがって、予想外に入金が少なく、予定していた支払いができないということがないよう、一定の当座預金残高を保有する必要がある。それはしばしば決済残高と呼ばれる。その決済残高と、法律上必要な準備預金残高とが、常に一致している保証は必ずしもない[42]。

さらに、日本銀行の負債サイドには銀行券がある。これまでの歴史の中では、銀行券の発行残高は傾向的に増加してきた。それに対応する資産として日本銀行は長期国債を買い入れてきており、そうした資産・負債両サイドの動きを通じて日本銀行のバランスシートは拡大してきた[43]。それに加えて近年は、量的緩和による当座預金の上乗せ分が拡大してきたのである。

今後、これまでのように銀行券の発行残高が増えていくかどうかは不確実である。コロナ禍を経て、小口の決済においてもますます銀行券が使われなくなっているようだ。したがって、これからの日本銀行のバランスシートの定常状態を考える際には、そのように銀行券がますます小口決済で使われなくなる可能性も考慮しなくてはならない。

超過準備への付利をどうするか

日本銀行の保有国債と当座預金の減額スピードをバランスの取れたものとする上では、当座預金にある超過準備への付利、すなわち補完当座預金制度の適用利率の運用も1つのポイントになる。それは現在、政策金利の誘導目標と同じ水準に設定されている。この超過準備への付利に関しては、それがあるから負債サイドで金融機関が一定の日本銀行当座預金を持つ誘因が生まれ、したがって日本銀行は資産サイドで膨大な国債を保有できている。

日本銀行は、国債の流通市場に大きな混乱を生じさせることなく保有する国債の残高を減らしていくことと、政策金利の決定とは、別のものとして切り離すとしているので、国債減額のスピードと政策金利は今後独立に動いていく。しかし、当座預金にある超過準備に対しては、現状、その政策金利の水準で付利が行われている。独立とされる国債減額のスピードと政策金利は、このような関係があり、両者のバランスが取れているかどうかは、事前には何とも判断できない。

日本銀行の保有国債の減額スピードが、国債の流通市場の参加者からみて速すぎると判断される場合、それは当座預金の減少スピードについても同様である可能性がある。そうだとすると、当座預金に過剰準備を積んでいる金融機関は、その時の政策金利よりも低い金利で良いから、当座預金にもっと資金を残しておきたいと考えるかもしれない。逆の場合は、逆である。

こう考えると、当座預金にある超過準備に対する付利を政策金利と同水準に固定しておけば、常に日本銀行のバランスシートの両サイドの減額スピードの平仄が合うとは限らないことになる。もし、何らかのかたちでその平仄が合わなくなった場合、そのサインは日本銀行の国債買い切りオペの入札金利に表れるだろう。例えば入札金利が、何らかの基準に照らして速く上昇しすぎると判断されるような場合には、この補完当座預金制度の適用利率を動かしてやれば、ある種の効果があるかもしれない。

いずれにせよ、以上は仮定の上の話なので、インターバンク市場において、日本銀行の当座預金に超過準備を積む意欲がどの程度かということを知るためには、入札によって確かめるほかない。金利のある当座預金というのは、インターバンク市場の資金需給からすれば、日本銀行による資金の吸収である。付利がなければ、それだけ当座預金からインターバンク市場へと資金は放出される筋合いにある。

日本銀行は、資金吸収のために売出手形を入札で発行することができる。売出手形は、日本銀行が自己を受取人および支払人として振り出すもので、割引方式で売り出される。満期は3カ月以内となっている。インターバンク市場参加者しかアクセスできない銀行券にも似た性格を持つ金融商品であり、流通市場もないので、その位置付けには微妙な面があるように感じるが、しかし入札が行われるので、市場参加者の当座預金需要の強弱を測ることはできる。

現在、固定金利を付利している当座預金にある超過準備の一部を、この売出手形の入札に置き換えることで、上述の日本銀行が保有する国債の減額スピードと、その時の政策金利の下での超過準備保有の誘因のバランスを確認することができる。日本銀行が、超過準備に対してどの程度のコストを払わなくてはいけないかは、先験的にそれが政策金利と一致することにはならず、保有国債の減額スピード次第という面があるだろう。もちろん、金融市場の国債保有意欲も重要な要素になる。売出手形の入札は、保有国債の減額スピードを金融市場がどう受け止めているかをリアル・タイムで知る手段にもなるのではないか。

時間がかかる日本銀行のバランスシート縮小

以上のように、普通の金融政策の下での日本銀行のバランスシートの新しい定常状態を考える上では、はっきりしない要素がいろいろあり、したがってどうしても漸進的な対応をとらざるを得ないと考えられる。そうではあるが、現在、400兆円を大きく上回る超過準備があることからすれば、バランスシートの圧縮が相当な額になることは間違いない。その大幅な圧縮をどれくらいの時間をかけて行うかが次の問題となる。

2024年6月の日本銀行の金融政策決定会合では、6兆円程度の毎月の長期国債買入額を続けることが決まった。また7月の会合では、毎月の買入れ予定額を、原則として毎四半期4000億円程度ずつ減額し、2026年1~3月には3兆円程度とする計画が決められた。その後、最終的にそれをどこまで減らしていけるかと言えば、上述のように非常に不確実である。

もしこの国債買入減額スケジュールが、今後、2026年1~3月まで変わらないとすれば、金融政策運営上の判断では、いつもその減額が前提とされる。しかし、そうなるかどうかも分からない。2024年8月上旬の株価急落の例をみるまでもなく、金融市場は時として大きく動く。もし、何らかの理由で長期金利がジャンプするようなことになれば、それは上述のマクロ経済全体にとっての金利にも影響を及ぼし、したがって物価、経済成長にも影響が及ぶ。さらには、国債を保有する金融機関における評価損の発生を通じて、金融システムが不安定化するかもしれない。その時でも日本銀行は、現在の国債買入減額スケジュールを硬直的に維持すべきだろうか。

さらに、長期金利の短時間での変動を避けつつ、日本銀行の国債保有が漸進的に減額されていくとして、新しい定常状態に到達するまでに、どれくらいの時間がかかるだろうか。以上のように、その新しい定常状態自体が不明なのだが、少なくとも数百兆円規模の圧縮になりそうである。日本銀行による毎月6兆円程度の買い入れは、ほぼ日本銀行の保有国債の償還に見合うと言われている。そうだとすると、現在の減額スケジュールであると、2026年3月までに、おおよそ40兆円程度しか保有国債は減額できない計算になる。その先は、いかに漸進的に減額を進めるか次第だが、このような走り書きの計算でも、数百兆円規模の減額を行うにはかなり時間がかかることが分かる。これまでの異次元緩和は、このようなかたちで、新しいバランスシート問題を日本銀行に残している。

国債購入の肩代わり論

ところで、以上のように日本銀行が国債保有を減らしていった時、その分の国債を誰が保有するのかという議論がある。そこでは、国債の発行・保有についての金利弾力性が考慮されていないことが多い。インフレ率が上昇し、それが持続しそうだからこそ、金融政策も普通に戻っていくのであり、その下では長期金利も上昇し、そのより高い水準の金利で新しく保有したいと考える投資主体が出てくる。

しかし、国債の発行に関しては、その金利弾力性はかなり低いという反論もあるだろう。短期的には確かにそうかもしれないが、他方でインフレ率が上昇すれば名目GDPの伸び率も高まり、その下で税収も増加する。それはインフレ課税であり、望ましくないという議論は別途あるにせよ、金利ある世界というのはそういうものだ。したがって、税収が増えたからまた使ってしまうということをしなければ、インフレに伴う税収増の分は国債発行を減らせる筋合いにある。さらに、超低金利の期間に、そのことを理由に構造的に国債発行が増えてしまったのであれば、それは金利ある世界の中で是正されなければならない。これは次章の財政政策のところでまた議論する。

このように、単に日本銀行が国債買入額を減らすから、同額を他の主体が買わなければ困ったことになるというのは、あまりにも単純化されすぎた議論と思われる。もっとも、上述のように、日本銀行が長期金利の短期的な変動を避けるため漸進的にバランスシートの調整を進めていくとすると、新しい定常状態に戻るまでにはかなりの時間を要しそうだ。その調整の期間を短縮するという観点からは、日本銀行保有の国債とその見合いの当座預金を、両建てでバランスシートから外してしまうことも考えられる。

それは、次にみるETFの場合と同じだが、別勘定に移し、例えばそれを小口の国債投信に分解し、広く家計に保有を促すというようなことである。貯蓄から投資へというのは、家計の資産ポートフォリオを一層分散化させることである。資産運用立国にあって、家計のポートフォリオにおける銀行預金のウェイトが低下するのであれば、その一部は国債投信のようなかたちで債券市場に入ってきても良い。(44)ただし、そうした投資信託業務は、日本銀行にはできない。別の組織を設計し、日本銀行の資産・負債を両建てで移管しないと、こうしたかたちでの国債切り離しは実現しない。

日本銀行が保有するETFとREIT

日本銀行が今後減らしていくべき資産としては、国債以外にETFとREITがある。日本銀行の2024年3月の財務諸表では、金銭の信託（信託財産指数連動型上場投資信託）、すなわちETFは37・1兆円となっているが、その時価は74・5兆円とある。また金銭の信託（信託財産不動産投資信託）、すなわちREITは6561億円だが、その時価は7387億円とある。規模としては前者が圧倒的に大きい。

金融市場における価格形成に短期的に大きなショックを与えない観点からは、これらリスク資産の保有残高を減らしていく際にも、漸進的にやっていくことになるだろう。特に前者のETFについては、これほどの多額となると、漸進的に減らしていくには、やはりかなりの時間を要することになる。

日本銀行のＥＴＦ保有の問題点については、前著で述べたので繰り返さないが[45]、バランスシートの圧縮という新しい要請があるのであれば、これを一定程度の規模で別勘定に移すことは、引き続き1つの選択肢である。特に今日、資産運用立国の議論の中で、アセットオーナーの果たす役割が強調されている。多額のＥＴＦを保有するに至っている日本銀行も、その点をこれまで以上に意識する必要があるのではないか。

アセットオーナーとは、一般に金融資産を保有する機関投資家のことであり、年金基金や銀行、保険会社などのことである。アセットオーナーは、顧客や受益者から資産運用を委託され、顧客のために資産を管理する。その際にアセットオーナーが持つのが受託者責任である。日本では、アセットオーナーは外部の運用機関に運用を委託することが多い。そして、その委託を受けた運用機関（アセットマネジメント会社などのアセットマネージャー）が実際に株式、債券等の売買をする。

政府は、そうしたアセットオーナーのプリンシパルを定めている[46]。そこには「アセットオーナーは、受益者等の最善の利益を追求する観点から、運用する目的や財政状況等に基づいた目標を定め、その目的・目標を達成するために投資先企業や委託先金融機関を厳しい眼で見極めることで、受益者等に利益をもたらすとともに、その行動が結果として、投資先企業の中長期的な成長・企業価値向上や委託先金融機関の健全な競争による運用力向上にも繋がっていくことなどが期待される」とある。

このプリンシパルが適用されるアセットオーナーの対象に、日本銀行は入っていない。しかし、時価で70兆円を超えるETFを保有するに至った日本銀行が、資産運用立国の中で、このアセットオーナー・プリンシパルの精神から全く埒外とも言えない。特に、日本銀行の場合、受益者は全国民である。多額のETFを保有している立場にある組織として、その全国民の最善の利益を追求しているかどうか、問われても良いのではないか。

指数連動型のETFであるから、委託先金融機関（日本銀行の場合はETFの運用を指図するアセットマネジメント会社）が投資対象となる全ての企業と建設的な会話（エンゲージメント）を行うことは現実的でない。しかし、だからと言って70兆円を超える価値を持つ株式について、エンゲージメントが全く行われないのは問題ではないだろうか。したがって、企業経営に対するガバナンスの観点からは、ETFを別勘定に移管した上で、個別株式に分解し、その管理を運用の専門家に任せることの重要性がこれまで以上に高まっていると考えられる。資本効率を意識した企業経営を促す上でも、アセットオーナーが「投資先企業や委託先金融機関を厳しい眼で見極めること」が、今、求められている。

マクロ・ミクロの両面で本質的な問題の解決を

以上、第3章と第4章では、金融政策運営上の様々な論点について考えてきた。結局のところ、日本経済にとっての本質的な問題を解決する姿勢が何より大事であり、その本質的問題は供給構造の変化を促すことだというのが本書の主張である。

現実の金融政策では、日本経済の状況が好転するまで、できるだけ金利を引き下げ、その余地がなくなったところでは、量的緩和の規模に着目してきた。日本経済が直面する問題の本質は、本来、そうした金融緩和の強化で短期的に解決できるものでないとすれば、並行して供給構造の変化が望ましいスピードで進捗しているかを確認することも大切である。

繰り返しになるが、それは必ずしもマクロ指標だけで分かることではない。したがって、同時にミクロの情報を偏りなく収集する必要がある。日本銀行は、その取引金融機関との間で、そうした点を確認する機会を持っているし、本店と国内の32の支店、14の事務所を通じて、直接、企業部門とコンタクトできるネットワークを有している。日本銀行は、マクロの金融環境がその時々の日本経済の置かれた環境に適切に対応したものになっているかどうか、マクロ、ミクロの両面で確認できる機能を持った中央銀行なのである。

30 白川方明・元日本銀行総裁は、日本銀行金融研究所のまだ若き研究者の頃、「『合理的期待』仮説について」というペーパーを残している（1979年9月、日本銀行金融研究所、金融研究第4号）。そこには、「『合理的期待』の新味は背後にある『モデル』とconsistentなかたちで期待が形成されると理解する点」との指摘がある。合理的期待の考え方が出てきた当初は、こうした点がちゃんと意識されていたが、次第に合理的期待が一般化し、特にマクロ経済モデルにおいては、全ての経済主体が同じモデルを共有しているという、実は非常に厳しい仮定の存在について、認識が希薄化しているところがあるように思われる。
https://www.imes.boj.or.jp/research/papers/japanese/kks4-1.pdf

31 https://www.boj.or.jp/mopo/mpmdeci/mpr_2016/k160921b.pdf

32 以下の論考は、前著『日本経済 成長志向の誤謬』の第5章第3節、今後考えられる具体的アクションにある「長期的な視野に立ったナラティブ」の内容をもう一度整理し直したものである。

33 Robert J. Shiller, "Narrative Economics: How Stories Go Viral & Drive Major Economic Events", Princeton University Press 2019.

34 例えば、小田剛正、「ライフサイクル経済における最適インフレ率」（日本銀行 Research LAB No.16-J-3、2016年7月28日）参照。

35 一般に、企業は設立時には低生産性であるが、成功企業は次第にその生産性を高めていくと考えることもできる。この点を、人口が減少していく経済において考えると、経済全体の生産性の変化には、設立から時間の経った企業の生産性の改善が大きな影響を与えることになる。そうした分析として、Inokuma, Hiroshi and Juan M. Sanchez, "From Population Growth to TFP Growth", (Institute for Monetary and Economic Studies, Bank of Japan, Discussion Paper No.2024-E-9) がある。これは、日本経済のマクロでみた生産性の改善において既存企業が重要となる可能性を示唆しており、その既存企業が大企業と重なることも考えられる。

36 前々著、『デフレ論の誤謬』（２０１８年）の補論1、マクロ経済モデルの変遷を参照。

37 前々著、『「デフレ論」の誤謬』（２０１８年）の第3章第3節、日本銀行の非伝統的金融政策においては、そうした様々な金利の加重平均的なものを the interest rate と呼んだ（同書、図表３－３－１）。しかし、前述の通り、そうした金利は観察可能ではなく、あくまでも概念上のものである。

38 長田充弘、中澤崇、「大規模国債買入れのもとでのわが国の長期金利形成」（日本銀行ワーキングペーパーシリーズ・多角的レビューシリーズ、No.24-J-7、２０２４年6月）。

39 内田眞一、「わが国における過去25年間の物価変動─日本銀行金融研究所主催２０２４年国際コンファランスにおける基調講演」（日本銀行、２０２４年5月）。

40 均衡イールドカーブとは、単一の年限に限定されていた実質の均衡金利を全ての年限に拡張したもの。詳細については、今久保圭・小島治樹・中島上智「均衡イールドカーブの概念と計測」（日本銀行ワーキングペーパーシリーズ、No.15-J-4、２０１５年6月）を参照。

41 ２０２４年8月16日から9月15日までの準備預金の積み期間において、法律上必要な準備預金額は13・1兆円だったが、準備預金残高の実績は４８９・９兆円であり、超過準備の額は４７６・８兆円に上る。

42 量的緩和後、中央銀行の当座預金のうち、決済のために必要な残高がどの程度になっているかという点は、米国でも議論されている。２０１９年9月、米国準備銀行の当座預金に、全体としてかなりの超過があったにも関わらず、財政要因で資金不足になったことをきっかけに、短期金利が一時的に大きく上昇した。その背景として、世界金融危機の経験を踏まえ導入された流動性比率規制や、グローバルに活動する金融システム上重要な金融機関に対する追加的な自己資本賦課のため、全体としての当座預金に対する需要が大きくなったことが指摘されている。こうした事情は日本でも同様であり、日本銀行が当座預金の残高を減らしていく過程においても、慎重に考慮されるべきものと考えられる。

43 量的緩和開始前の日本銀行の金融調節においても、長期国債の買い切りは行われていた。そのオペレーションは、かつて対象となる金融機関が2グループに分けられ、交替で入札に参加していたことから「輪番オペ」と呼ばれていた。その金額は、年間を通じて銀行券が最も多く発行され、当座預金の減少額が多くなる営業日(ほとんどの場合は年末近く)でも、日本銀行が十分にその不足分の資金供給ができるようにしておくという観点から設定されていた。これは日々の資金過不足というフローの議論だが、それを日本銀行のバランスシートというストックの議論に置き換えれば、上述のように銀行券の発行残高とバランスするかたちで国債を保有することになる。

44 そのような小口の国債投信に、月何回か一定額までは銀行預金に振り替えができるといった決済性を付与する工夫ができれば、家計としては保有しやすさが増す。

45 前著、『日本経済 成長志向の誤謬』(2022年)、第5章p.174~187を参照。

46 2024年8月公表。https://www.fsa.go.jp/policy/pjlamc/asset_owner/aop.html

第5章
日本の財政政策をどう考えるか

第4章と第5章で、マクロ安定化政策のうち金融政策についての様々な論点を議論した。本章では、マクロ安定化政策において、金融政策とともにその両輪を成す財政政策について考えたい。

1　マクロ安定化政策としての財政政策

財政政策は市場メカニズムが機能しない分野でこそ重要

財政政策には、マクロ経済を安定化させる以外にも、市場メカニズムでは最適化できない資源の配分あるいは所得の再配分といった重要な機能がある点は繰り返し指摘してきた。これに対し伝統的な金融政策は、政策金利の変更を始点にその効果がマクロ経済全体に及ぶ。政策金利の変更は、基本的に価格機能を通じて金融市場全体に波及するのである。普通の金融政策の下で、マクロ安定化政策の片方の主軸を担う金融政策は、そのように市場メカニズムを通じて機能する。

他方、市場メカニズムがうまく機能しない分野があることは、経済学でもこれまで意識されてきた。マクロ経済のそうした分野においてもまた、安定を実現する必要はある。そのためには、どうしても市場メカニズムに頼らない政策が必要になる。それは、主として財政政策に依存せざるを得ない。

例えば、地球環境の問題を例にしても、環境破壊のコストは必ずしも価格メカニズムを通じて正確に財（モノ）・サービスに反映されていない可能性が高い。だからこそ、私たちの社会では、民主主義の手続きを通じて合意を形成し、人為的に経済活動に一定の制約を加えようとしているのである。そうした社会の意思決定は、みな財政政策の歳入あるいは歳出として実効性のあるものになる。

また、後述するが、特に日本経済の供給構造の変化を後押しするためのインフラストラクチャーの整備は、財政政策そのものであり、これもまたマクロ経済の安定化そのものからは距離のある政策と言える。このように財政政策は市場メカニズムが機能しない分野においてこそ重要であり、マクロ経済の安定化だけの観点から考えるのは適切ではない。

財政収支の自動調整機能

それでも財政には、元々、マクロ経済安定化のための自動的な安定化機能が組み込まれている。それが財政収支の自動調整、ビルトイン・スタビライザーの機能であり、景気の拡大局面では名目GDPの成長率が上昇し税収も増えるので、フローの財政赤字が減少するというかたちで発現する。景気の後退局面ではその逆である。

したがって、マクロ安定化政策としての財政政策においては、現状に即して言えば、今後、税収が増える局面で、それを使ってしまうのではなく、増えた税収で、財政赤字を小さくしなくてはいけない。将来、景気後退が起こった場合には、逆のことが起こるので、その期間は財政赤字が拡大することも許容される。マクロ安定化政策としての財政政策では、そうした景気循環に沿って反循環的に動く財政政策の側面が意識される必要がある。

そのような財政政策のビルトイン・スタビライザー機能の発揮を担保するためにも、長期的な財政収支の見通しが、客観性、中立性を確保したかたちで策定されなければならない。予算を策定し執行する行政府には、現状であれば、より高い成長率を目指すといった政策上の意図があるので、それを無視した見通しの策定は本来できない。これこそが、例え行政府の中にあったとしても、客観性、中立性が担保された独立財政機関が必要な理由だが、この点については後で再び触れる。

2 財政赤字の節度

突出するストックでみた財政赤字

日本の財政赤字は、累積で、すなわちストックでみれば、名目GDPの200%を大きく上回り[47]、先進国経済との比較においても、また過去の歴史を振り返っても、突出して大きくなっている。これまで、財政再建の重要性は繰り返し言われてきたが、現実には、ここまで財政赤字が大きくなっても、目先で何か非常に困ったことが起こっているわけではない。そのため、財政の歳入と歳出のバランスについて、極端な楽観論も聞かれるようになっている。

例えば、政府が発行する国債が国内で消化できるのであれば、毎年の予算編成におけるフローの赤字、および債務の残高でみたストックの赤字は、いずれも気にしなくてよいというような主張である。その裏付けとして、しばしば現代貨幣理論が持ち出されるが[48]、現代貨幣理論は、複数の考えを含んでおり、理論として体系的なものとは言えない。財政赤字との関係で重要なのは、国債は政府の負債であるが、同時に保有者の資産でもあるので、そのほとんどが直接あるいは間接に国民によって保有されているのであれば、その累増は国民経済にとって心配の対象にはならないという主張だろう。

しかし、その国債の価値が短期的に大きく失われるようなことがあれば、資産として価値が減少し、そうなれば、それでも問題はないとは言えない。もちろん、どのような経済であれ、コロナ禍のような大きなショックに直面した際に、大きな財政赤字の存在を理由に国民を助けようとしない政府があったとしたら、それは非難されるだろう。しかし、そうしたことと、政府がいくら財政赤字を出しても大丈夫だとの主張の間には、大きな隔たりがあり、峻別して議論すべきである。

永遠に財政赤字は拡大できるのか

そもそも、古今東西、財政赤字の拡大を放任した権力、国家が長く繁栄した例はあっただろうか。公的債務の歴史を振り返ると、それは基本的に戦費の調達から始まったようだ[49]。戦費の調達のための債務の場合、それを返済しておかないと、次の戦いが起きそうな時に新しい資金の調達が難しくなる。権力、国家の財政バランスを持続可能な状態にしておくことは、歴史的には、それらの存続のために必要だったのである。

翻って、今日の日本のように、安全保障ではなく主として社会保障が原因で国家の財政赤字が拡大するようになったのは、20世紀に入ってからのこととされる。果たして、社会保障、特に高齢化に伴う年金・医療・介護の各保険にかかる政府の歳出が傾向的に拡大することで、国家が存亡の危機に直面するようなことがあるだろうか。社会保障制度が理由であれば、永遠に財政赤字は拡大できるのだろうか。それは、過去の歴史にないことなので、誰にも分からない。

しかし、国家財政の持続性が担保できなければ、何らかの「従属」が強まる可能性は想像できる。現代で言えば、国際通貨基金（ＩＭＦ）によるマクロ経済の管理なのか、不足する国家歳入を補填してくれる第三国への従属なのか。あるいは、戦後の日本のように、短時間で大きな物価水準の調整があって、物価高騰や金利の大幅上昇に伴う資産価値の喪失で家計が苦しむということなのか。財政が破綻した場合の社会とは、そのようなイメージであろう。

ＩＭＦによってマクロ経済が管理されるケースがあるとすれば、日本の経常収支が赤字になってからのことだろう。そうだとすると、日本の場合、一定の時間が経過した後のことになる。他方、物価や金利の高騰のケースは、例えば、政府が必要とする歳出を国債発行によって賄おうとしても、金融市場で十分な国債発行ができない場合に起こり得る。これについては後述するが、大規模災害などの緊急時にそうしたことが起こるかもしれない。いずれにせよ、これらの事態に至る可能性は、できるだけ小さくして日本の社会を将来世代に繋ぎたいものである。

そうした、いつ起こるか分からない緊急時までの間、さらに問題を大きくし続けても良いという判断を、今日の現役世代はするのだろうか。そのようなある種の財政破綻の確率を高めていく国家の道筋を、国民の大多数が選択するのであれば、民主主義の下ではそれも仕方がないのかもしれない。しかし、本書の立場は、現在の財政運営をこのまま続けていけば、いつかは分からないが、何らかの大きな混乱が生じる確率が高まるという可能性を、できるだけ広く説得的に説明し、それを避けるために何ができるかを考えようというものである。

ストックの財政赤字の制御が必要

上述のような、何らかの緊急事態が引き金となって将来起こるかもしれない財政破綻の確率を引き下げるためには、財政赤字を長期的にみて持続可能な状態に制御し続けなければならない。それを実現する上では、国際通貨基金（ＩＭＦ）のチーフ・エコノミストだったオリヴィエ・ブランシャール氏の言う「確率的債務持続可能性分析」の考え方が有効と思われる。(50)

財政赤字を長期的に持続可能にすることは重要だが、他方で直ちに速いスピードでの財政再建を行うことも現実的ではない。それによってマクロ経済に大きなネガティブな影響が出たのでは、何のための財政再建かということになる。直ちに名目の財政赤字を一定以下にするような対応ではなく、財政赤字の大きさを、確率的に考えて大丈夫だと思われる範囲内に制御するアプローチも考えられる。これは、財政への制約とそのマクロ経済への影響との間で良いバランスを実現しようとするものと言える。

そうした財政赤字制御の大前提となるのが、政府の円滑な国債発行の確保ではないだろうか。どのような状況にあっても、政府が財政赤字をファイナンスするために発行する国債が、金融市場で入札により発行できなくてはならない。それが担保されないと、金融市場では財政が破綻していると認識される可能性がある。

一般に、政府の税収と名目ＧＤＰの間には安定的な関係がある。名目ＧＤＰの一定割合は、今後とも政府の税収として入ってくる。したがって、名目ＧＤＰでおおよそ政府の税収が分かると考えると、政府のストックの財政赤字と名目ＧＤＰの比率は、政府という債務者の債務残高とその収入の比率の代理変数とみなすことができる。その比率が将来発散していく、すなわち政府がその収入以上に債務を増やし続けていくと金融市場が認識した場合、新たに政府の債務を引き受ける市場参加者はいずれかの時点で出てこなくなるだろう。

こう考えると、ストックの財政赤字の対名目GDP比率を将来的に発散させないことが、まずは財政赤字の持続可能性を担保する必要条件になる。ただ、その比率が何%なのかは、これまでの議論では分かっていない。結局、国債発行を繰り返す中で、金融市場の判断を探っていく以外にない。さらに日本の場合、ストックの財政赤字、つまり政府の債務残高の対名目GDP比率が、将来的に発散しないとの必要条件が満足されているかどうか自体がなお不確実だというのが現状である。

名目GDP成長率と政府の資金調達コストの関係

その比率が発散しないための条件は、「ドーマーの定理」として知られている。出発時点の赤字幅にもよるが、一般に、名目GDP成長率が政府の資金調達コストよりも高い状態が続けば、その比率は発散しない。過去の両者の関係をみると（**図表5－1**）、1995～2022年度については、政府の資金調達コストが名目GDP成長率より低かった年度はむしろ少数である。両者の関係を度数分布でみても、年度によってかなり違い、長期的に安定した関係は

図表5-1 政府の資金調達コストと名目GDP成長率（1995～2022年度）

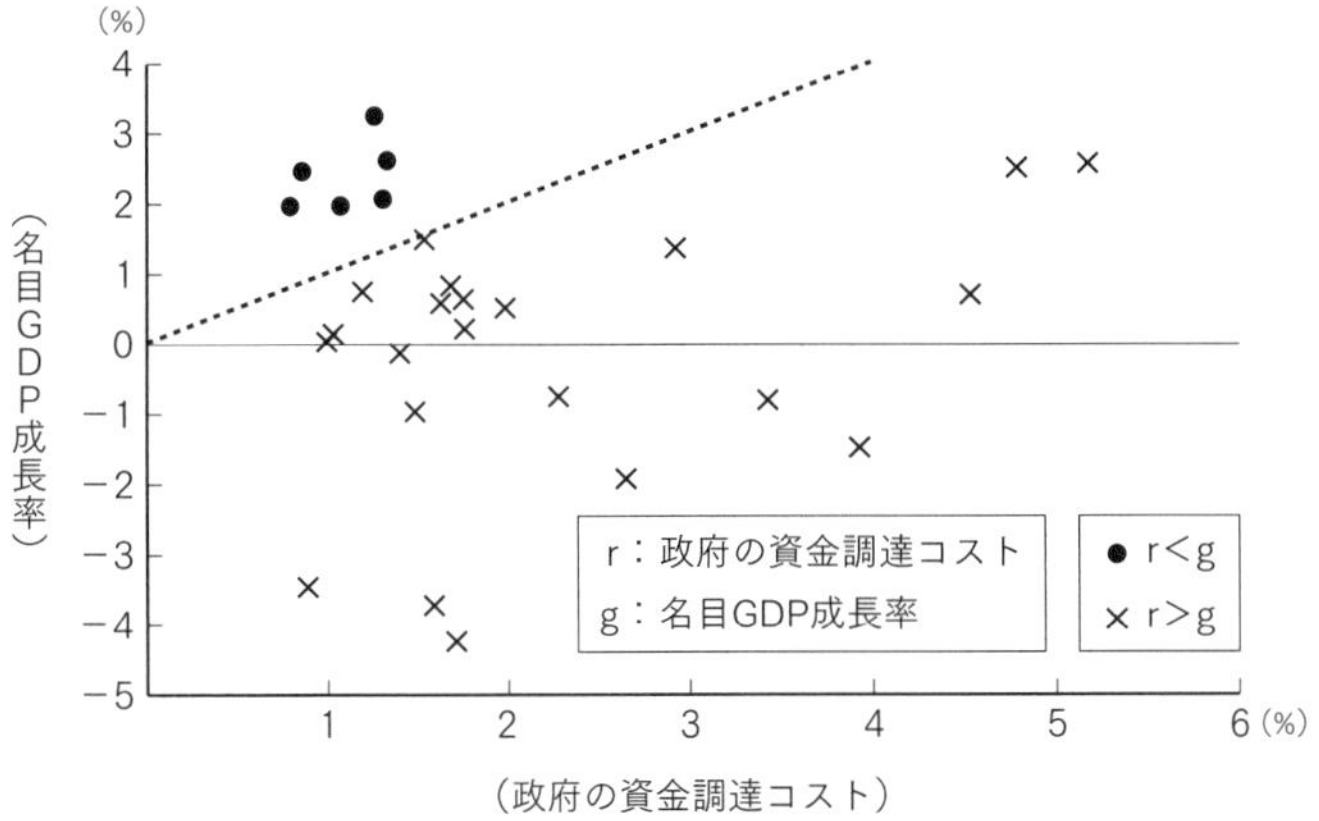

政府の資金調達コスト（r）と名目GDP成長率（g）の差（x＝r－g）の分布

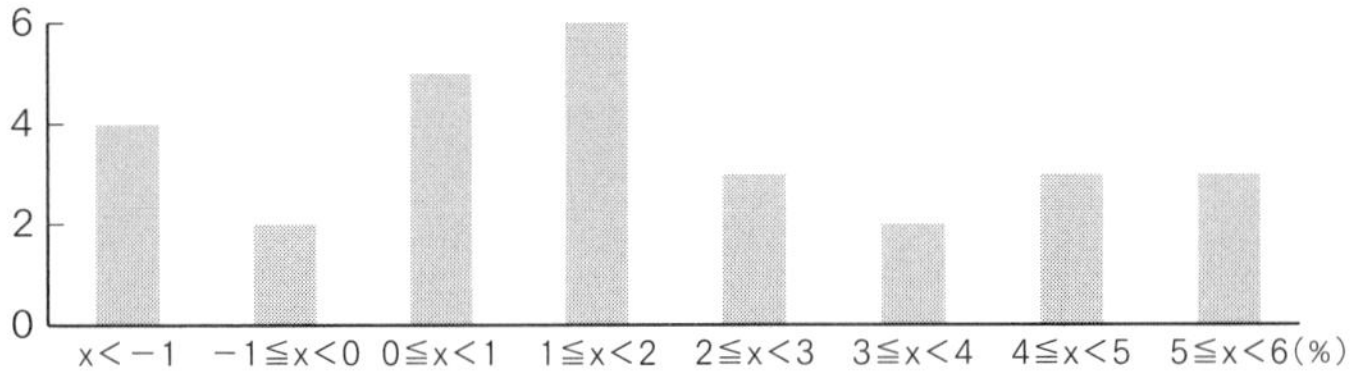

（出所）財務省 「財政金融統計月報」
内閣府 「国民経済計算」
（注）政府の資金調達コストは、国債利払い費（一般会計）を公債残高で割ったものをパーセント表示したもの。
上の図の点線はr＝gとなる組み合わせを示す。

下の図の資金調達コストと名目GDP成長率の差の分布は、1995～2022年度の28サンプルについて、実績値を1％刻みで分けた度数分布（上の図のx＝r－g）。

想定できない。1995〜2022年度の分布における最頻値では、政府の資金調達コストが名目GDP成長率よりも、1%以上高く、2%までは高くないという関係になっている。

少なくともこれからの長期を考える場合、過去あまりなかったことが継続すると仮定するのは、安易にすぎると考えられる。確率的債務持続可能性分析においては、信用に足る長期的な予測において、過去のデータを参照し、政府の資金調達コストは名目GDP成長率よりも高いことを想定すべきだと思われる。

2010年代、金融政策が異次元緩和で「デフレ」からの脱却を目指していた時、財政政策の面でもっと積極的な需要刺激を行えば「デフレ」を払拭できたかもしれない可能性に第2章で触れた。しかし、ここでみたように、日本の財政には、過去の平均的な姿を前提にする限り、そのような規模での積極財政を行う余力はすでになかったという判断にならざるを得ない。

その後のコロナ禍においては、そうした判断を乗り越え、大規模に財政赤字を拡大させたが、それでも幸いなことに、以下で考えるような政府が国債発行に支障をきたすような事態には至らなかった。持続可能な財政赤字とは、コロナ禍のような事態にあっても、対応に必要な資金を確保するための国債発行を政府ができるようにしておくということでもある。

3　国債発行を常に可能にしておく

国債金利急騰の可能性

今日の国債の保有構造をみると、圧倒的に居住者の比率が高く、その上、全体の約半分が日本銀行に集中している。このため、そもそも国債の流通市場が財政収支の状況を評価する力が弱くなっている可能性がある。そうした下にあっては、一時的であれ、追加的に大量の国債が発行されると予想されるような事態においては、既発の国債の流通価格が急落する可能性も否定できない。

国債価格が急落する状況、それは国債金利が急騰する状況でもあるが、そうした状況では、政府が金融市場で国債を発行することは難しくなる。国債の買い手が細ると、必要とする額の国債発行ができなくなる事態も想定し得る。そうした事態に陥る可能性を残す財政赤字の状態は、持続可能とは言えない。

政府が必要な支出を賄うための国債の発行ができなくなると、マクロ経済の安定は大きく損なわれる。今後、インフレ期待が緩やかに2%にアンカーされていくのであれば、長期金利の短期的な高騰も避けられるだろうから、金利ある世界に戻ることで直ちに国債発行が難しくなることはないだろう。しかし、緊急事態、例えば突発的に発生する大規模災害や安全保障上の事案などに伴って、政府が大規模な資金調達を行わなくてはならないケースも考えられる。そうした、いつかは分からないが、起これば大きな資金調達が必要となるような事態でも、日本経済に必要以上の混乱が生じないようにしておくことも、マクロ経済の安定という観点からは大事である。

どのような緊急事態が考えられるか

金融市場は時に急激に変化する。国債市場で金利が急騰する場合、中央銀行が買い手として介入することで、多くの場合は落ち着きを取り戻すことができる。それは時として財政ファイナンスにもなるが、それにも限度があり、その限度を超えて政府の資金調達が一時的にでも大きく増える場合には、長期金利の急上昇も避けられない。そうした突発事態として、ある程度の具体的なイメージを持って考えられるのは、これまでの日本にも度々起こってきた大規模な自然災害の発生である。

日本では、現在も南海トラフ巨大地震や首都圏直下地震が起こる可能性が言われている。それらが起こった場合の被災地の被害額は、前者で100兆円程度[51]、後者で約47兆円程度[52]と想定されている。東日本大震災での、建物、ライフライン施設、社会基盤などの被害額は約17兆円とされているが[53]、これに対し、国が震災後2020年度までの10年間に計上した復興予算は約45兆円に上っている[54]。これは直接の被害額の約2・6倍に当たる。マクロ的な経済活動への影響までを考えれば、そうした規模の予算が組まれることになるのだろう。

東日本大震災の復興予算の例を、上述の南海トラフ巨大地震、首都圏直下地震に単純に当てはめると、それぞれ累計で266兆円、124兆円もの復興のための予算が必要になる計算となる。大震災の他にも、再び大規模な感染症に見舞われるリスクもあるし、東アジアの安全保障上の環境も大きく変わり安全保障関連の歳出が増える可能性もある。これらの、現時点では不確実だが、もし起これば大規模な予算対応が必要になる事案をも念頭に置いて、政府が必要な資金調達をいつでも円滑に行えるように備えておくという観点も重要である。

具体的にどう備えるか

財政赤字は、高齢化に伴う社会保障関係の歳出増により、現在の社会保障関連の制度を変えなければ、今後とも傾向的に増えていく。その中で、上述のような規模の臨時の歳出を可能とするためにも、まずはストックの財政赤字の規模を、少なくとも国際的に突出したものではない程度にまで圧縮する努力を続けるべきではないだろうか。

突然起こる大きな緊急事態に対応する財政支出の拡大は、とりあえずは国債の増発によって賄われるだろうから、金融市場で必要な国債が発行できる環境が維持できるようにしておかなければならない。毎年度に引き戻して何十兆円という追加的な国債発行を行っても、長期金利が高騰しないようにすることは、国債という金融商品の信認が維持されていれば達成可能とも考えられる。このことは、東日本大震災やコロナ禍への対応の局面でも立証されている。

日本国債についての金融市場の信認は、例えばソブリン格付けをみることでチェックできる。日本が参照にできるという意味でG7の国々をみると、ソブリン格付けは4つのグループに分かれる。トップの最も信認が高いグループには米国、ドイツ、カナダが、それに次ぐグループには英国、フランスが入っている。日本はそれに次ぐ第3グループである。日本より下位にいるのはイタリアだけだが、そのイタリアの属するグループよりも下になると金融市場では投資非適格とみなされる。そうなった場合、金利に及ぶ影響は甚大で、急上昇は避けられないだろう。それは、金融危機に見舞われた国々が、どれほどの金利を払って国債を発行したかをみれば容易に分かる。

安心のための国債格付けのバッファー

大規模な震災が起こり多額の国債発行が必要になった場合でも、日本国債が投資非適格のレベルまで格下げされる事態を絶対に避けるためには、安心のために財政赤字について一定のバッファーを持っていた方が良い。例えば、上述のＧ７の中でソブリン格付けが日本の１つ上のグループ、英国、フランス並みのストックの財政赤字の対名目ＧＤＰ比率を目指すということが考えられる。

すでに述べた通り、政府の資金返済能力について金融市場を納得させ、その信認の度合いを引き上げるためには、ストックの財政赤字が大事になる。将来の緊急事態に備えるためには、国際的に突出しているそのレベルは低下させた方が良い。その際、そのストックが、債務残高そのもの（グロス）なのか、政府の資産と相殺した純債務残高（ネット）なのかという議論がある。

日本政府の資産は、最後まで売却できない部分が大きいので、本来、ネットでみるべきではないだろう。もっとも、参照国として、現在、国債の評価がＧ７で１ランク上の英国、フランスでは、両国ともネット、グロスのいずれも対名目ＧＤＰ比でだいたい１００％程度と大きな違いはない。そこでここではグロスで考えることにしよう。それでも日本がグロスでみたストックの財政赤字をそこまで急に低下させることは現実的ではない。しかし、せめて、国債格付けでG7の中で日本より1ランク下のイタリア並みの、グロスで150%程度を目指し、そこに至る中間目標として当座は200%程度を目標としてはどうだろうか。それであれば、ある程度現実味も出てくる気はしないだろうか。

因みに、これまで政府は基礎的財政収支（歳出からも歳入からも国債にかかる額を抜いた収支）の黒字化を財政再建の目標としてきた。この基礎的収支の黒字化は、ストックの財政赤字の対名目GDP比率を、現在より低下させる上での1つの通過点でしかない。基礎的財政収支の一定の黒字がなければ、ストックの財政赤字の対名目GDP比率は低下しない。基礎的財政収支が黒字化したらフローの財政赤字を拡大しても良いというのは大きな誤解であり、それでは将来の急激かつ大規模な財政赤字の拡大に備えることにならない。

公債残高の伸びを抑えることの難しさ

上述のように、将来の予想せぬ国債増発の可能性に備える観点から、ストックの財政赤字の

図表 5-2　一般会計の公債残高と名目 GDP の伸び

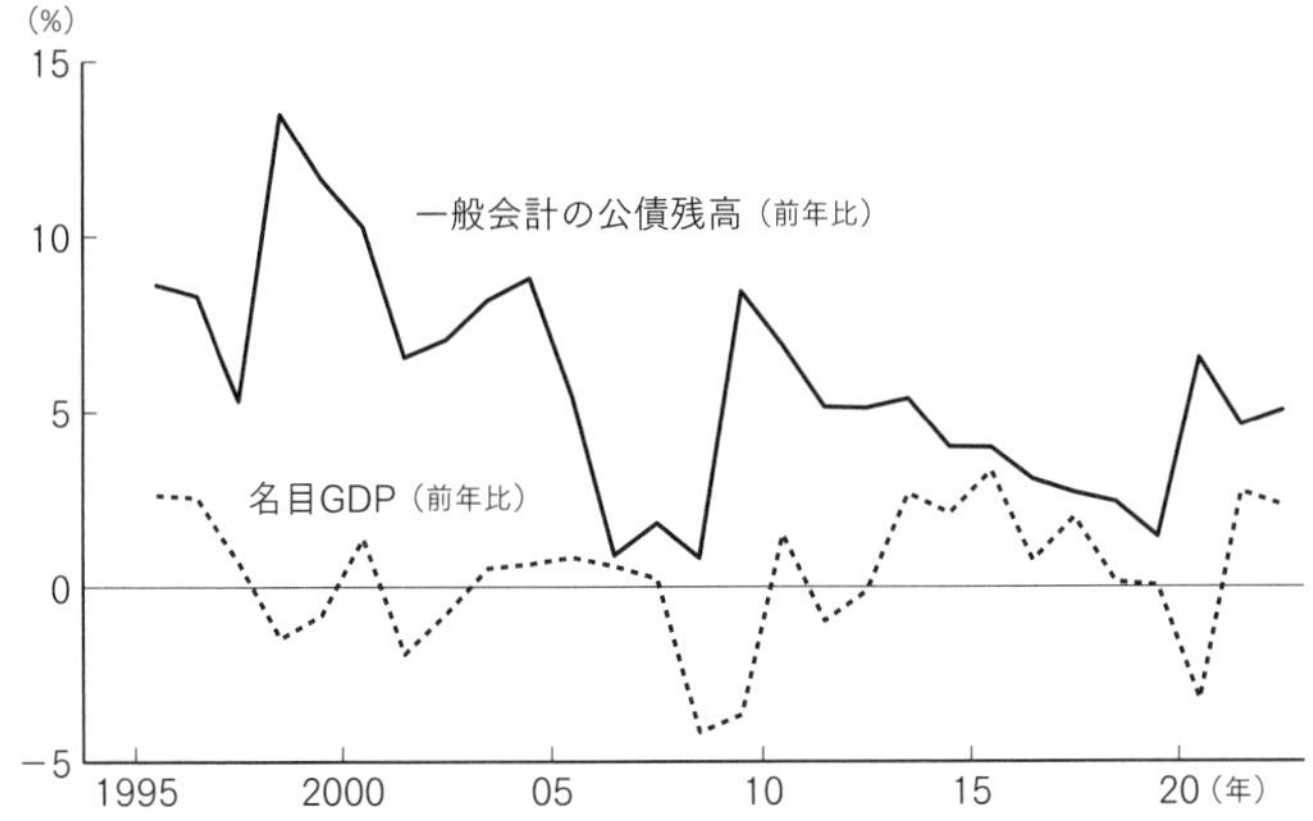

（出所）財務省、「財政金融統計月報」
内閣府、「国民経済計算」
（注）年度ベース。公債残高は、2021年度までは普通国債の各年度の3月末残高。2022年度は補正後予算に基づくもの。2021年度までは翌年度借換のための前倒債発行額を含む。2022年度の公債残高は前倒債の限度額を含む。

対名目ＧＤＰ残高の比率１５０％程度を目指し、当座はそれを２００％程度まで低下させることが考えられる。しかし、現実問題、それはかなり難しいことでもある。

　ストックの財政赤字の範囲としては少し狭くなるが、一般会計の公債残高と名目ＧＤＰのそれぞれの前年比の推移をみると（**図表５－２**）、過去、常に前者が後者を上回ってきた。２０２２年度を出発点に、２０５０年度まで、それぞれについて同一の伸びが続くとして、両者の伸びの組み合わせと、２０５０年度における両者の比率を計算してみた（**図表５－３**）。この簡単な計算から分かることは、仮に名目ＧＤＰ成長率の伸びがこの期

図表5-3　公債等残高・名目GDPの伸び率と2050年度における両者の比率の関係

名目GDP前年比の想定 ＼ 公債等残高前年比の想定	1%	2%	3%	4%	5%
1%	185	244	321	421	550
2%	141	185	244	319	417
3%	107	141	185	243	318
4%	82	108	141	185	242
5%	62	82	108	142	185

（出所）財務省、内閣府
（注）2022年度を基準に、一般会計の公債等残高と名目GDPがそれぞれの伸び率で2050年度まで拡大した場合、2050年度の時点で公債等残高の名目GDP比率がどうなるかを計算したもの。
網掛けの部分が、その比率が200％以下となる両者の伸び率の組み合わせの部分。

間平均で３％程度であったとしても、公債等残高の伸びもやはり平均で３％以下に抑えないと、対応する２０５０年度の債務残高の対名目ＧＤＰ比率は２００％以下にはならないということだ。

一般会計において、その程度の公債残高の伸びは過去にもあったが、しかし大方の年度でそれよりもかなり高い伸びとなってきた。２０５０年までという長期において、平均として過去のほぼ最低圏内の伸びを続けていくのは、決して容易なことではない。さらに、グロスの公債等債務残高の対名目ＧＤＰ比率２００％程度というのが、必要な国債発行が常に可能であるための条件として十分なものかどうかも不確実であることもすでに述べた通りである。

次の世代の時代に、思わぬマクロ経済の混乱が起こる確率を必要以上に高くしない観点からは、以上のようなかたちでストックの財政赤字を制御する必要があり、そのためには国債を主とする公債等残高の伸びを一定以下にする必要がある。それは結局、毎年度、発行する国債額について一定の制約を課していくことを意味する。そうした財政赤字の制御は、社会保障制度の改革や増税の可能性をも含めた税制のあり方などとも関連することなので、これ以上、本書で詳細に議論することはできない。

しかし、財政政策のあり方として、歳出の規模にだけ着目するのでは不十分であり、長期的にみて思わぬ歳出増があっても、それに耐えられるよう財政赤字を制御していくことが、マクロ経済安定の観点からは重要である。確率的に政府債務の持続可能性を判断するというのは、そういうことを含意するのだろう。

その制御の過程では、既存の歳出の調整ももちろん必要になるはずであり、そのためには、昨今よく話題となる証拠に基づいた政策決定（Evidence Based Policy Making, EBPM）が求められる。さらに、長期の話であるので、繰り返しになるが、金融市場からの信頼が得られるような見通しの作成と、政策オプションごとの歳入・歳出への影響の試算も重要になる。それは独立財政機関に求められる機能でもある。

日本でこそ独立財政機関が必要

現在、内閣府は「中長期の経済財政に関する試算」を年2回公表している。そこでは、ベースラインと成長実現の2つのケースの見通しが出されている。成長実現ケースは、政府としての政策意図を体現したものと考えられるが、そうしたケースについても触れざるを得ない立場にある組織が、客観的、中立的な長期見通しを本当に策定できるのかというのが、ここでの問題提起である。他の主要な先進国には存在している独立して財政の状況をみる機関は、国際比較上、突出して財政赤字の規模が大きい日本にこそあってよい[55]。

今後、財政赤字を長い目でみて持続可能な状況としておくためには、20年を超える長期の財政収支見通しが、現実の社会保障等の制度と紐付けて策定される必要がある。そのための情報にアクセスでき、その上でマクロ経済環境とも整合的に見通しを作成するのは専門的な作業になる。さらに、マクロ安定化政策という視点からは、財政赤字の変動のうち、景気循環に起因する部分とそれ以外を区別するという要請もある。

こうした機能を持つ独立財政機関を日本でどう考えるかについては、現状、なお様々な議論がある。そもそも必要ないという見解から、立法府に置く、行政府内に新しい組織を作るなど、色々な設計が可能である。しかし、現在の財政赤字の大きさと、いつ起こるか分からない大規模災害のことなどを考えると、早急にそうした機能を持つ組織が設立されることが望ましい[56]。

4　財政破綻のイメージ

本当に財政破綻は起こるのか

ここまでの議論では、政府が、政策上必要と考える資金を、国債発行によって行うことが困難になるという意味での財政破綻の確率を、安心できるところまで低下させることを考えてきた。しかし、本当にそうした財政破綻が起こるのかという疑問は常に残る。

危機が起こっていない時、その可能性を納得できるかたちで想定することは難しい。そんなことが起こるのだろうかという疑問は完全には払拭できない。特に、対外収支が黒字のまま、財政破綻に追い込まれた先進国の事例は近年ないので、日本はまだ心配する必要はないという議論に対し、具体的な反証を示すことはできない。

しかし、政府が金融市場で国債発行の入札を行った際に、調達しようとする額が全額調達できないという、いわゆる未達の発生は想定できる。そして、一時的に政府が調達しようとする額が増え、入札において未達の状態が続き、それが財政赤字の長期的な持続可能性に対する金融市場の疑義に繋がることは起こり得るのではないだろうか。

大事な点は、金融機関の国債購入意欲を損なわないということである。その入札意欲が弱まれば、入札時の金利は上昇し、そうなれば経常収支に関係なく国内経済は混乱し得る。国債は、その保有者にとっては資産なので、国債入札の未達継続によって長期金利が高騰し、すでに発行された国債の価値が損なわれれば、マクロ経済にとって大きな問題となる。

現状、国民が直接、国債を保有している額が多額でなくとも、銀行は有力な国債の保有者である。日本の家計は多額の円建て預金を保有しているが、それを預け入れている銀行の資産で、大きな項目となっている国債の価値急落は、円建て預金の見合いの資産の価値が急落することを意味する。

政府が金融市場で発行しようと考えた国債を発行できなくなり、長期金利が短期間で高騰するようなことになれば、通常であればそれに伴って景気に押し下げ圧力が加わり、物価面でデフレ圧力が生じる。その時には金融緩和が行われ、日本銀行が国債購入を増やす余地が生じるが、それでも政府が行おうとする国債発行が全て金融市場で消化できない事態に至れば、最悪、日本銀行以外に国債の購入者がいなくなる。

中央銀行が国債を購入しなければ国の歳出の必要額が確保できないような状態では、その国債は金融市場からは投資適格とはみなされないだろう。投資非適格の国債のさらなる金利上昇は不可避であるし、そうなると保有国債を手放す金融機関も出てくる。

金融機関が、国債を手放して得た資金の適当な投資先を国内で探せない場合、それは長期金利が高騰しているような状況では十分考えられるが、その資金は海外に向かう。そうなると、外国為替市場では円安が起こり、その円安のために、景気が後退していてもインフレ圧力が増すこともあり得る。そうなると、インフレにも関わらず、政府が必要な歳出のために発行する国債の増加に対応して、日本銀行の国債購入額が増えることになり、それは金融緩和であるので、インフレはさらに昂進するかもしれない。まさに悪循環である。

そもそも日本国債の格付が投資不適格まで引き下げられてしまえば、グローバルに活動する企業についても同様の評価となり、その資金繰りに大きな支障が生じる。銀行もその埒外ではなく、邦銀の外貨調達が困難になり、その影響は多くの居住者に拡がる。

こうしたワースト・シナリオは、あまりにも極端かもしれない。しかし、全く起こり得ないと考えないのであれば、常識的な範囲で、そうした展開となる確率を制御しておくことも、為政には求められる。それが政府債務を確率的にみて持続可能にしておくということである。本章で述べた、ストックの財政赤字の対名目GDP比率を長い目でみて発散させない、さらに、少なくとも他の先進国並みの水準まで引き下げるということが、それに当たるのではないかというのが本書の問題提起である。

それでも財政が破綻してしまったら

近年、日本のような規模の先進国経済が、いかなる定義にせよ財政破綻に陥った事例はないので、もし日本に財政破綻が起こるとしても、それが何をきっかけにしたどのようなものになるかは、全く想像の域を出ない。しかし、戦後の経済混乱というのは1つの参考事例になるだろう。もちろん当時は、対外資産もなく、供給力の大規模な破壊が同時に起こったので、全く同列には論じられないが、少なくともストックの財政赤字の対名目GDP比率は、現在も当時も同程度である。

名古屋大学の齊藤誠教授も、その著書の中で[57]、日本経済に大きな外生ショックが加わり、それに伴って財政の歳出が国内貯蓄でファイナンスできないような状況になると、戦後と同じようなことが起こる可能性に触れている。それは、一定期間での物価水準の調整と、それと並行した財政規律の回復ということである。

当時、起こったのは、まず物価については、終戦からの5年間程度でその水準がおおよそ100倍程度上昇し、その後、安定を取り戻したということだった。そして財政赤字については、同じ期間に、やはり200%以上あったストックの財政赤字の対名目GDP比率が10%程度にまでに低下した。要するに、大幅なインフレと大胆な財政バランスの緊縮化である。

こうした言わば荒療治が1950年代以降の経済復興の素地を作ったことになるが、それにしてもすごい規模での調整である。そうした荒療治を受け入れれば、現在のような財政赤字がさらに拡大し、それが維持できない展開になっても国は滅びないから大丈夫と言えるのだろうか。

また、斎藤教授も指摘しているが、そうした大きなショックを受ける時点でなお海外資産が残っていれば、それをこうした厳しい調整に役立てることができる。また、土地も含めた自然資産は、こうした人為による大きな混乱とは関係なく存続していく。したがって、それらも使いながら、そうした事態において、日本の国土で暮らす人々が、大規模な調整を乗り切る術はあるかもしれない。

それにしても、調整規模の大きさと、その過程で生じる様々な大変な摩擦を想像すると、そんなことが起こらないように今から備えるというのが、真っ当な考え方のように思える。本章で述べてきたことは、そうした価値判断に立っての思考実験である。

5 日本経済のダイナミズムを取り戻す財政政策への道筋

産業政策としての財政

金融政策が普通に戻っていく時、財政政策もまた普通に戻っていくことが望まれる。それにはまず、以上で考えたように、長い目でみた持続可能性を維持していくことの重要性を再認識しなければならない。その上さらに、財政にはそれに加えて、日本経済の供給構造のより円滑な変化を促すという機能も期待される。それも繰り返し指摘してきた。これはマクロ経済の安定そのものとは違うが、しかし並行して供給構造の変化が進んでいくことが重要である点に鑑みれば、財政政策に欠かせない機能である。

他方、2010年代以降の新しいグローバル経済の構図の中で、欧米先進国はみな政府主導でマクロ経済の供給構造を変える方向に舵を切っている。そうしたいわゆる産業政策は、財政政策によってしか実現できない。加えて、その供給構造の変化は、生産性の向上を伴ったものでなくてはならず、その観点からは人的資本の充実にも配慮しなくてはならない。

ところが日本は、財政赤字の面で、すでに過去30年間の不均衡の累積という重荷を負っている。さらに高齢化の影響は、社会保障の諸制度において今後ますます顕現化し、関連する制度を変えなければ構造的な歳入不足が拡大していく。供給構造の変化を助ける財政政策の余地も、それらによってさらに狭まる。

経済協力開発機構（ＯＥＣＤ）に加盟している国々の中で、２０２１年の日本の社会保障以外の支出の対名目ＧＤＰ比は、かなり低いグループに属する。[58] 他方で、社会保障と租税の負担率は中位グループである。こうしたある種のアンバランスは、先進国の中での比較において、日本は、租税収入を抑える中で、社会保障関連の支出負担が重いため、それ以外の分野での政府の機能が制約されている状況にあることを示している。

同じ比較で政府の総支出の対名目ＧＤＰ比をみても、日本は決して大きな政府とは言えない。今後は、上述のような、いつ起こるか分からないが、いつかは起こるだろう大規模支出への備えに加え、高齢化・人口減少、毎年の自然災害、安全保障面などへの対応も不可避である。今後のさらなる高齢化に伴い、制度の変更を行わなければ歳出圧力が高まっていく社会保障制度をそのままにしておいては、それ以外の分野での政府の機能が大きく制限されることは避けられない。社会保障制度はもちろん重要であるが、同様にまた、他の先進国に劣らない産業インフラの整備、国民の安全保障の確保も、大切な政府の果たすべき機能である。したがって、まずは社会保障制度を見直し、その構造的な赤字を圧縮し、それ以外の財政政策の余地をもっと確保する必要があるのではないだろうか。

長い時間の中で財政赤字を制御する

以上で考えてきたような財政赤字の制御は、数年という時間での話ではない。過去30年という時間を経て蓄積してきた財政収支の不均衡なので、少なくともすぐには定常状態を実現することはできないだろう。本章で議論したような財政赤字の制御を、かなり長い時間行っていくことにならざるを得ない。

他方、当面について考えると、金融政策は普通の金融政策に戻り、日本経済は金利ある世界に戻っていく。財政政策に関して、異次元緩和の下で、低コストのために国債発行が増えたようなことがあったとすれば、金利の上昇に連れて、その分の国債発行は減額される必要がある。要するに、普通の財政赤字に戻すということである。その過程においては、本書では全く論じることができなかったが、国民負担の議論を、世代間の負担の公正さということを含めて行うことが避けられない。

金利の低い時に前倒しで国債を発行し、それによって長く使えるインフラストラクチャーを整備することは、時間を通じた合理的な判断である。しかし、社会保障関係のように、使われてしまって将来に残る資産を生まない支出の財源を国債発行に求めていたのだとすると、普通の財政赤字を実現する上では、そこは早急に制度の改革によって是正されるべきだろう。

また、コロナ禍のような社会全般に大きな影響の及ぶショックが入った時には、当然、財政支出は拡大する。ただ、それが適切であったかどうかの事後チェックも重要である。今後、そうした事態が想定されているのであるから、なおさらその点は大事だろう。例えば、今回のコロナ禍の時期の大型補正のあり方、あるいは予備費の組み方などの適正性については、なお検証の余地があるようだ[59]。

災害時には、あらかじめ必要な支出額が不明なことが多く、どうしても見込みでの予算策定になることは避けられない。しかし、だからと言って、本当に目的としたことが達成されたのかどうかが確認できないような予算の策定とその執行は避けるべきである。今後、難しい財政運営が待っているとみられ、また予期しない災害が必ずまた起こるだけに、こうした点も、当面の財政運営の上で非常に重要と考えられる。

金融機関による国債保有に対する新しい制約

なお、銀行の国債保有については、2000年代の国際金融危機の経験を踏まえ新たに導入された流動性規制、銀行勘定の金利リスク規制などがあり、これらが銀行の国債保有動機を一定程度変えているはずである。したがって、今後、金融政策が普通に戻っていくスピードと必要な国債の発行があいまって、長期金利にどのような影響が出るかはより注意深くみていく必要がある。金融市場で形成される長期金利は、国債保有の意欲を示す重要なサインである。

いずれにせよ、マクロ経済実態に照らし、必ずしも正当化できない需要刺激のための財政支出増加を企図し、国債発行を増やすようなことがあった場合、それが思わぬ長期金利の変動を生む可能性は十分念頭に置いておく必要がある。

以上のような道筋で、財政政策もまた普通のものへと戻り、かつ日本経済のダイナミズムを取り戻すことを志向するものとなっていくことが、これからの日本経済において望まれるのではないだろうか。

47　財務省「日本の財政関係資料」(2024年4月)によれば、2024年度の当初予算の段階で、国・地方の長期債務残高は1315兆円、名目GDP(2024年度政府見通し)比214%に達している。
48　例えば、ステファニー・ケルトン、『財政赤字の神話』(早川書房、2020年)。
49　バリー・アイケングリーン他、『国家の債務を擁護する』(日本経済新聞出版、2023年)を参照。
50　オリヴィエ・ブランシャール、『21世紀の財政政策』(日本経済新聞出版、2023年)を参照。確率的債務持続可能性分析は、stochastic debt sustainability analysis の日本語訳。
51　2019年6月の内閣府政策統括官(防災担当)発表の資料によれば、被災地の資産等の被害額は、基本ケースで合計100・5兆円、最大171・6兆円と想定されている。
52　2013年12月の中央防災会議・首都直下地震対策検討ワーキンググループの最終報告では、被災地の資産等の被害額は合計47・4兆円と想定されている。
53　2011年6月、内閣府(防災担当)。
54　2013年2月、会計検査院、「東日本大震災からの復興等に関する事業の実施状況等について」。
55　篠原令子(公益財団法人・国際通貨研究所経済調査部・上席研究員)、「OECD諸国の独立財政機関について」(国際金融、1379号、2024年4月)によれば、OECD加盟38カ国のうち31カ国に独立財政機関があるとのことである。G7では、日本だけに独立財政機関がない。
56　経済同友会は「将来世代のために独立財政機関の設置を-複眼的に将来を展望する社会の構築に向けて」(2019年11月)で、独立財政機関を参議院に設置することを提言している。また、令和国民会議(令和臨調)は、「より良い未来を築く財政運営の実現に向けて―長期財政推計委員会と政策プログラム評価委員会の創設―」(2023年10月)で、行政から独立した党派性のない中立的な長期財政推計委員会を国会に置くことを提案している。

57 齊藤誠、『財政規律とマクロ経済 規律の棚上げと遵守の対立をこえて』（名古屋大学出版会、２０２３年）。

58 財務省「日本の財政関係資料」（２０２４年４月）
https://www.mof.go.jp/policy/budget/fiscal_condition/related_data/202204.html

59 会計検査院は、参議院からの要請により、予備費の使用等の状況について検査を行い、２０２３年９月にその結果を報告している。その所見には、「予備費の使用決定及びこれにより配賦された予算の執行を予備費制度の趣旨に沿って適切に行うことはもとより、これらの状況について国会及び国民への情報提供を適切に行い、予備費使用相当額の執行等に関する事後的な検証により一層資することによって、透明性を確保し説明責任の向上を図ることが重要であると考えられる」とある。支出面をチェックすると、なお不透明なところがあるという指摘だが、そうだとすれば、予算額の適切性についての説明責任を十分果たせていないことになる。
https://report.jbaudit.go.jp/org/r04/YOUSEI4/2022-r04-Y4000-0.htm

第6章

誤謬なきこれからの日本経済のイメージ

以上でみてきたように、令和の今、日本経済を取り巻く環境は再び大きく変わってしまった。その中で、ようやく新しいビジネスモデルへの移行が意識的に始まりつつあるように感じる。前を行く先進国のビジネスモデルに追い付くために最適化された戦後昭和のビジネスモデルから完全に抜け出し、これからのグローバル経済の下で日本経済もまた大きく変化していかなければならない。

1 求められるアジャイルな新陳代謝

戦後昭和のビジネスモデルの特徴の1つは、需要牽引（ドリブン）型であったことだろう。良いモノを造れば売れる。それはいつの世でも正しいが、戦後昭和の日本の場合、そのモノは、他の先進国が生産するモノとしてすでに存在していたケースが多かったはずだ。1980年代後半、日本経済が発展し、所得水準が上がり、他の先進国と同じ土俵で競争するようになった。そうした状況では、新しいモノを造り出すことの競争になり、さらにはサービスを売る競争へとビジネスモデルを変えねばならなかった。

本書で繰り返し述べてきたマクロ経済の供給構造の変化とは、別の表現をすれば、そのようなビジネスモデルの変化である。そうした企業のビジネスの中味の変化は、財（モノ）・サービスの市場、労働市場、金融市場の変化と一体になって起こる。よりサービス化、とりわけデジタルサービス化の進む財（モノ）・サービス市場。一人一人がより自己実現ができる仕事へと変わることを円滑に実現する労働市場。財（モノ）とサービスの需要の変化に合わせた供給の変化を促す金融市場。令和の今日観察できるのは、そういう様々な変化が一体として起こっている風景である。

そのような企業のビジネスモデルの変化が起こっている以上、当然、企業の新陳代謝も起こる。「ゾンビ企業」とは、長い目でみて現在のビジネスを自律的に続けていくことができない企業のことだという点にはすでに触れた。そのような企業が出てくることは、日本経済が直面する有効な需要が内外で急速に変化を続けている時には避けられない。国内の需要は、高齢化と人口減少の影響を受ける。海外の需要は、他の先進国企業が新しい財（モノ）とサービスを生み出し、既存の財（モノ）については新興国経済が供給できるようになった環境の中で大きく変わった。

加えて、これもすでに述べたように、景気拡大期にも国内の需要刺激を強化するマクロ安定化政策の中で、景気循環を通じて古いビジネスモデルがふるいにかけられる度合いが低下してしまった。長い目でみて自律性、持続性があるとは言えないビジネスモデルが、そのようなマクロ安定化政策の中で、そうでない場合に比べ多く残っている面は否定できない。

これからのマクロ安定化政策には、景気循環に沿って動く反循環的な政策という本来の機能を取り戻し、企業の新陳代謝をこれまでよりすばやく、アジャイルに進めることをサポートする意識も求められる。並行して、その新陳代謝に伴う摩擦を軽減するための仕組みを整備することも大事だ。企業の新陳代謝とは、起業と倒産がどちらも起こることに他ならない。そして、企業の倒産に伴い摩擦的に生まれる失業者については、できるだけ速やかに新しい仕事に就けるようにしなければならない。

企業の側でも、今後なお比較優位を保つことができる分野へと、労働、資本といった経営資源をシフトさせていかなくてはならない。それこそが供給構造の変化だ。そして、それは企業がこれまでとは違うビジネスモデルへと変わっていくことであり、これまで以上にリスクテイクを行うことである。そうした企業経営を実現していく上では、企業経営に対するガバナンスがより重要になる。企業自身の経営努力が重要なこともさることながら、株主、さらには債権者からのガバナンスが有効に機能することも大事だ。その株主には機関投資家も含まれるし、債権者には銀行をはじめとする金融機関も含まれる。

2 企業ガバナンスの変化と資産運用立国

上場企業に対する「株式」を通じたガバナンス

企業経営において、今後、長く持続するビジネスモデルを探し、リスクテイクを積極化させる上では、その意思決定に対するガバナンスが非常に重要になる。そのような企業経営の意思決定を促すガバナンスには、大きく言って、上場企業が株式（エクイティ）の発行を通じて受けるものと、非上場企業がその負債（デット）を通じて受けるものがある。

この2つのガバナンスは、その目指すものも、やり方も、必ずしも同じではない。上場企業は、広く非居住者も含めた株主から、必ずしも返済の義務のない資金を集め、かつその企業価値は毎日株式の売買を通じて評価される。したがって、そうした企業経営の実態に見合った開示が求められるし、企業経営に対するガバナンスも求められる。

上場企業のガバナンスに関しては、2015年に金融庁と東京証券取引所によって、ガイドラインとしてのコーポレートガバナンス・コードが策定され、以来、改訂が重ねられている。

2021年に改訂された際の副題は、「会社の持続的な成長と中長期的な企業価値の向上のために」となっており、より持続性のある分野へと上場企業のビジネスモデルを変えていくことを意図したものであることが分かる。

また東京証券取引所は、2023年にプライム市場およびスタンダード市場の上場会社を対象に、「資本コストや株価を意識した経営の実現に向けた対応」を要請した。その目的は、「成長投資や事業ポートフォリオの見直し等の抜本的な取組みを推進することにより、中長期的な企業価値向上と持続的な成長を実現すること」とされており、これもコーポレートガバナンス・コードと同様の問題意識に立つものである。

他方、2014年に金融庁は、『「責任ある機関投資家」の諸原則』を策定した。これは日本版スチュワードシップ・コードと呼ばれており、その副題は「投資と対話を通じて企業の持続的成長を促すために」とある。機関投資家が行うべき投資先企業に対するガバナンスのあり方を示したもので、これも、これからの日本の上場企業に長期的に持続する経営を促すものである。

さらに第4章でも触れたが、政府は2024年8月にアセットオーナー・プリンシプルを発表した。これは、年金基金や銀行保険会社等の金融機関に対し、そこに資産を預けている受益者等の利益を最大限追求しているかどうか確認を求めるものである。そのプリンシプルの原則の5番目に、「アセットオーナーは、受益者等のために運用目標の実現を図るに当たり、自ら又は運用委託先の行動を通じてスチュワードシップ活動を実施するなど、投資先企業の持続的成長に資するよう必要な工夫をすべきである」とある。これも、持続可能な企業経営を迫るという意味で、上述の2つのコードと同様のガバナンスを効かせようとするものである。

このように上場企業には、様々なかたちで今後長期的に収益性を維持できるだろう分野へと、そのビジネスモデルを変えていくガバナンスの力が作用している。それにより企業がリスクテイクを積極化させ、物的・人的資本、さらには無形資産へと新たな投資が行われ、生産性が向上するかたちで日本の供給構造が変わっていくことが期待されている。

非上場企業に対する「負債」を通じたガバナンス

日本の上場企業数は4000超であるが、日本の企業の全数は300万を大きく上回る。[60] したがって、日本経済の供給構造を変えていく上では、数において大多数である上場企業以外の企業においても、長期的に経営を維持できるような分野へと、そのビジネスを変えていくことが重要になる。

もちろん、上場企業とは異なり、必ずしもより高い収益性、成長性ばかりが求められるとは限らず、持続性が一番大事になるケースも多いだろう。そして、例えいずれかの時点でビジネスを終了する場合でも、その際の社会的なコストを最小化する観点から、債権者に損害を与えないことが望まれる。それは多くの場合、金融機関からの債務が返済不能にならないことではないか。

上場企業以外の多くの企業がそのビジネスを持続可能なものへと変えていき、同時にその過程で生じ得る上述のような社会的コストを小さくするためには、やはり金融機関による企業経営へのガバナンスが鍵となる。ただ、それは上場企業のエクイティを通じたガンバナンスとは異なり、多くの場合、金融機関からの融資などの負債（デット）を通じたものになるだろう。

金融市場が金利ある世界に戻っていく過程では、そうした金融機関からのデットを通じた企業に対するガバナンスがより有効に機能するはずである。加えて、高齢化の進展に伴い、ビジネスとしては続ける価値はあるが、その継承者を探すことができない中堅・中小企業も増えている。そうした企業について、銀行、共同組織金融機関などが果たすべき役割は大きい。ビジネスが継続できれば、その分、雇用の機会も確保できる。

債務超過の状態での倒産という社会的コストを最小化しつつ、本書でみてきたような日本経済を取り巻く環境変化の中で、長く持続できるビジネスへの転換を円滑に進めるためには、そうしたデットを通じたガバナンスも非常に重要になる。銀行、共同組織金融機関は、与信できるかどうかという判断だけでなく、長く与信ができるような企業、ビジネスとするための与信先の経営への関与もこれまで以上に求められる。

　銀行、共同組織金融機関は多くの与信先を持つので、鳥瞰図的に見渡した企業経営の知見も蓄積されているはずである。それを活かして、日本の企業の大部分を占める、上場していない企業群においても、生産性を高める経営変革を実現していくサポートが求められる。

資産運用立国プラス投資大国

　政府はまた、資産所得倍増を掲げ[61]、資産運用立国プランが策定された[62]。今後の政権において、この政策の旗印がどうなるかは分からない。しかし、日本の家計が持つ金融資産のポートフォリオを、より新しい経済環境に適合させ、高齢化が進む家計の事情に合ったものとしていく動きは、これからも続いていかざるを得ない。そのための制度的な前提条件は、すでに概ね整備されている。そして、本章でみてきた企業のガバナンスの変化は、この家計のポートフォリオ最適化の動きに対してもプラスに作用すると期待される。

　その家計の金融資産ポートフォリオ最適化の動きは、本書で考えている日本経済の供給構造の変化と、以下のような関係がある。まず第1に、預金という負債（デット）に集中しすぎている日本の家計の金融資産が、資本（エクイティ）へとシフトすることは、特に上場企業にとってイノベーションへの挑戦の機会を拡げてくれるものである。イノベーションへの挑戦にはリスクが伴う。そのために必要な資金調達を、必ず返済することが約定されているデットだけで行うことには限界がある。その点、株式などのエクイティによる資金調達は、必ず返済することを約定したものではない。日本企業が新しい経済環境の中でさらに成長していくためには、他の先進国企業と同じ土俵でイノベーションを競わざるを得ない。その資金の調達においては、そうした性格を持つエクイティによるものがますます増えていくはずである。

しかし、エクイティはデットよりもリスクが高い。家計のポートフォリオにおいてエクイティの割合が増えることは、家計がよりリスクをとることを意味する。その点については、長期的に分散させて資産を積み立てるという、新ＮＩＳＡでも言われている資産形成のあり方が備え（ヘッジ）になる。ポートフォリオの中味を分散させれば、リスクは低下する。また経験的には、投資の時間軸を長くすることによってもリスクは低下する。そのようにすれば、長期的にみて、これまでより高いリターンを、それに見合ったリスクで家計が持てるようになるはずである。

また、保有する金融資産ポートフォリオのリスクとリターンのバランスが改善したと認識できることは、家計の消費にとってプラスである。そのことは、高齢化・人口減によって縮小が予想される国内市場を少しでも活性化させることになるはずである。これが第2の点である。

そして第3に、まさにこれは希望的観測だが、家計のポートフォリオを内外の資産に一層分散させていくことで、全体として平均的リターンは大きくなるかもしれない。グローバルにみれば、国内だけよりも、より幅広い投資先の選択ができるからである。上述のように、日本版スチュワードシップ・コードがさらに浸透し、加えてアセットオーナーの機能もより高まっていけば、そうしたポートフォリオの組み換えの助けになる。そのようにしてリターンが大きくなれば、それもまた家計の消費にとってプラスであり、国内需要押し上げに寄与する。

国民所得統計でみると、家計の資産に占める現預金の比率は、これまで50％超の水準でほぼ安定してきたが、金融機関の債権総額に占める海外債権の比率は2000年代以降すでに緩やかな上昇基調にあるようにもみえる（**図表6－1**）。これは、日本の銀行が海外ビジネスを拡大してきたことなどを反映したものと考えられるが、国内の家計がその銀行に預金をしているのであるから、間接的に家計のポートフォリオの海外資産への分散はすでに始まっていると言える。

今後は、その現預金のウェイト自体が低下し、直接の分散化がさらに進むと思われるが、その過程を通じて、上記3つの道筋を通じて、新しい金融仲介が日本経済の供給構造の変化をさらに促してくれることが期待される。

そして資産運用立国にプラスして、今日、投資大国ということも言われている。この2つは、

図表 6-1　家計の現預金比率と金融機関の海外債権比率

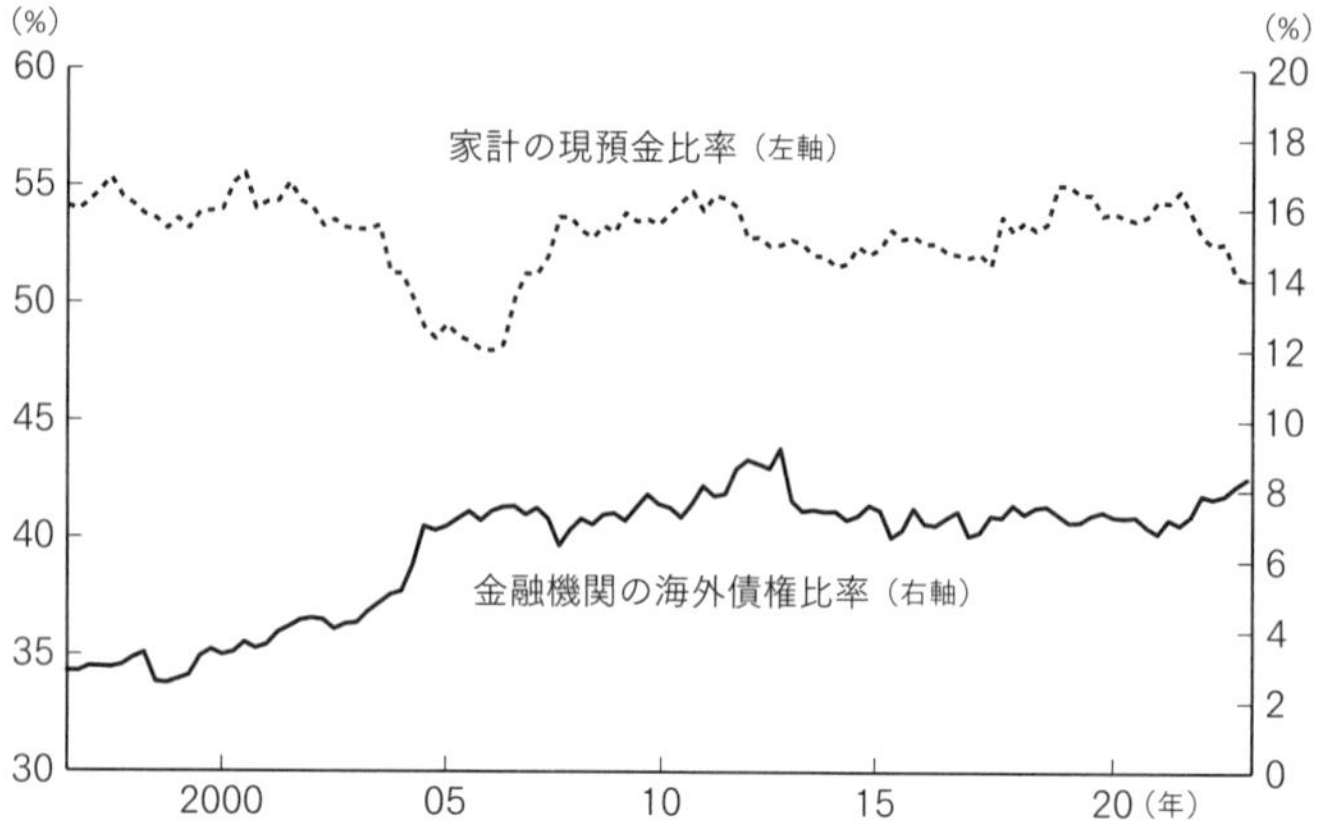

（出所）日本銀行「資金循環統計」
（注）四半期データ。比率の定義は以下の通り。

$$家計の現預金比率 = \frac{家計の現預金}{家計の総資産} \times 100$$

$$金融機関の海外債権比率 = \frac{預金取扱機関の対外債権}{預金取扱機関の総資産} \times 100$$

預金取扱機関の対外債権
　＝対外直接投資＋対外証券投資＋その他対外債権

これからの日本経済に必要な金融仲介の両輪である。長期的により企業のリスクテイクを促すようにできるのが資産運用立国であり、企業がそうして得た資金によって積極的に供給構造の変革を進め、働く者の生産性と充実感を引き上げていくのが投資大国である。この両輪がうまく機能してはじめて、日本経済に長くまとわり付いてきた不振感も消えていくに違いない。

3　これからの日本経済の供給構造

持続的なインフレが促す供給構造の変化

　ここまでは、金融仲介を通じた企業へのガバナンスや日本の金融仲介機能の向上が、日本経済の供給構造を新しい環境により順応したものへと変えることを促進する可能性を考えてきた。この他に、昨今の物価環境の変化もまた、同様の効果を持つかもしれない。２％程度のインフレが持続するような物価環境が次第に実現するのであれば、そのこと自体が企業のビジネスモデルの転換に利するものであるかもしれない。売上高という企業の経営計画上のトップラインが減る可能性が低下することは、企業がリスクをとってビジネスを変えていく上でプラスに作用すると考えられる。

　すでに２０２２年央以降、２％を上回るインフレが続いているが、これはエネルギー価格の高騰など、日本にとっては外生的な要因によって始まったインフレである。ロシアのウクライナ侵攻、イスラエルとパレスチナ等の対立勢力との戦闘状態、南シナ海における中国と周辺国との緊張関係など、地政学面での国際環境は、1990年代以降のグローバル化が進展した時期とは大きく変わってしまった。そうした中で、外生的なので一時的とみられていたインフレ圧力についても、次第に必ずしもそうではないかもしれないという見方が出てきた。

米中の対立の中で、日本企業がこれまで作り上げてきたグローバル・サプライチェーンの再構築の必要性も高まっている。それにはどうしてもコストが先行する。また雇用の面でも、これまでは、生産年齢人口の減少の影響が、女性・高齢者の労働参加の増加で緩和されてきたところがある。しかし、それにもどこかで限界があり、今後、いよいよ人手不足は深刻化していくとみられる。そうした変化は、いずれもインフレ圧力を高めるものであり、そうした内生的な要因で、これまでよりは高いインフレが続く可能性がある。

このような物価環境からすれば、なお不確実ではあるが、いよいよインフレ期待を2%にアンカーすることも展望できる。それは、第4章で述べたように、企業のリスクテイクを促すという観点からは、繰り返しマイルドなデフレに陥る環境よりも望ましいと考えられる。さらに、2%程度のインフレ期待が定着する下では、相対価格の変化もまた、これまでより頻繁にかつ大きな規模で起こる可能性がある。そうしたマイルドなインフレが定着する物価環境が重要である可能性は改めて指摘しておきたい。

供給構造の変化とは、企業のビジネスの中味の変化だが、その結果として、新しい需要に見合った供給にはより高い価格がつき、その逆は逆となるのが自然だ。そうなるからこそ、企業はリスクをとって新しい供給を生み出そうとする。供給構造の変化は、財（モノ）・サービスの相対価格がより柔軟に動く中で、円滑に進んでいく面があるのではないだろうか。

相対価格がより柔軟に動くことで、そうした企業行動の変化が本当に起こるかどうかは、本書では検証できておらず、これからの様々なリサーチの結果を持ちたい。[63] ただ、2％を上回るインフレが2年以上続く中で、企業の投資行動も並行して積極化してきたように見受けられる。その背後には、他の要因も当然あるが、より売れる財（モノ）・サービスの価格を相応に引き上げることができる環境が、企業のマインドを変えているところもあるように思える。

繰り返しマイルドなデフレがやってくるという期待が払拭され、期待インフレ率が2％にアンカーされれば、このような相対価格変化の面からも、日本経済の供給構造の変化がより円滑に進んでいくのではないだろうか。

ビジネスの新陳代謝こそ重要

以上、本章ではこれからの日本経済のイメージをいくつかの角度からみてきたが、大きく概観して産業構造はどうなっていくのだろうか。本書ではここまで繰り返し供給構造の変化の重要性を言ってきたが、それは具体的には産業構造の変化として具体化する。人口動態をあわせ考えると、これからの日本の供給構造の変化は、産業の取捨選択を意味するのかもしれない。

もちろんビジネスの分類の粒度にもよるので、大括りでの産業のシェアはそう変わらないかもしれない。しかし、日本の企業は、就業者が減っていく中で、先進国企業とイノベーションを競い、既存のビジネスでは新興国経済の追い上げを受ける立場にある。それを考えれば、ビジネスの幅という意味では比較優位のある分野へとより特化していくのが自然ではないだろうか。

もちろん、人と人が対面で行うサービスの提供については、人口が減少してもその必要性はなくならない。高齢化が進展する分、関連のサービスに従事する者の割合はむしろ増えていくだろう。そうであればなおさら、それ以外の分野でのビジネスに投入できる労働力は制約される。

1980年代後半に先進国経済への追い付きの過程を終えて後、しばしば米国経済を手本とする議論がされてきた。しかしその米国経済は、日本の2倍以上の就業者を擁しているが、第2章でみたように、共通の産業分類でみた付加価値生産額は日本よりも分散している（前掲**図表2－2**）。そして、日米経済のもう1つの大きな違いとして、エネルギーと食糧の自給率がある。

資源エネルギー庁によれば、2020暦年の1次エネルギーの自給率は、米国が106・0%であるのに対し、日本は11・3%にしかすぎない。[64]また、農林水産省によれば、米国の食料自給率は、2020暦年において、エネルギー・ベースで115%、生産額ベースで92%であるのに対し、日本では、2020年度において、それぞれ38%、58%である。[65]さらに今後、自然エネルギーがより重視されるようになると思われるが、国土の広さ、自然条件の違いなどからして、自然エネルギーの供給コストも、現在の技術を前提にする限り、日本は米国より割高にならざるを得ないかもしれない。

このように、資源の賦与が大きく異なる米国を、産業構造を考える上で、日本の手本にするのには、なかなか難しいところがある。高度成長期、天然資源に乏しい日本では、国民の努力で豊かさを手に入れていくということがしきりに言われた。以上のような日米経済の違いをみると、21世紀の日本経済を考える際にも、その点は全く変わっていないように感じられる。

日本経済はこれからもグローバル経済との共生を通じて豊かさを目指していかざるを得ない。したがって、地政学的な面での事象も含め、世界で起こっていることは、日本に住む私たちと無縁では全くないという認識が大事になる。自由で安定したグローバルな交易が少しでも維持されるよう、日本人としても当事者意識を持って貢献していかねばならないだろう。

欧州型の経済になっていく？

このように考えてくると、日本が他の先進国に範を求めるとすれば、消去法的には欧州ということになりはしないか。しかし、その欧州の国々は、具体的な経済の比較優位が違う中で、欧州連合というかたちで統合して自国経済の足らざるところを相互に補おうとしている。外側からみれば、立場の違う国々が連合を維持するために大きな社会的コストを払っているようにみえるが、他方で一国では実現できない経済的豊かさを手に入れている。

日本の国内市場は、現時点ではまだ欧州のどの一国よりも大きいが、これからの時間経過の中で、その規模は相対的に欧州の大きな国並みにまで縮小していくだろう。東アジアにおいて、欧州のようなかたちで日本を含めた国々の連合が形成されることはすぐには期待できない。日本経済には、そのような環境の下でどういう経済の構造にしていくかが問われている。

また、米国にせよ欧州にせよ、移民を受け入れてきた歴史は日本とは大きく異なる。その移民受け入れのコストとして、人種・文化の違う国民を内包することになり、社会の分断も生じている。しかし、他方でそれによって生まれた多様性がビジネスの面ではイノベーションの源泉にもなっているし、国民経済の規模の面でも日本のようなスピードでの縮小は避けることができている。

これからの日本経済

これからの日本経済のイメージを模索する上では、以上のような天然資源の賦与、日本の置かれた地理的条件、移民への取り組みといった要素も含めて考える必要があり、それだけにそのイメージは茫洋としてしまう。それでも、極めて抽象的ではあるが、以下のような方向性が浮かび上がってはこないだろうか。

まず、天賦の資源の不足がある以上、足らざる資源は輸入せざるを得ない。そのための収入は、海外から稼がなければならない。サービスも輸出できる時代なので、その稼ぐための対象は、利益が確保できる財（モノ）の輸出には限定されない。さらに、本章でも触れた金融仲介機能が高まれば、効率的な海外投資による収益が増える。国内生産力は次第に縮小していき、もはや全体としての貿易収支の黒字基調への回復は難しいかもしれないが、それは国内に還流する所得収支の黒字によって賄っていきたい。したがって、減少していく労働力を、少しでも比較優位のある分野へと移し、同時に海外への投資のリターンを高めていく努力が必要になる。

その比較優位も、決して常に変わらないものではない。今日の米国のプラットフォーム企業群のように、イノベーションを通じて新しい比較優位を生み出していかないと、グローバルな競争の中でより豊かな生活を実現していくことは難しい。したがって、イノベーションを生むための研究開発、イノベーションをビジネスに繋げる工夫、それらを可能にする金融仲介を念頭に置いて、社会の仕組みを変えていかなくてはならない。その際には、試行錯誤への社会的許容度を引き上げ、再挑戦ができる仕組みを確立することも不可欠だろう。本書ではほとんど扱うことができなかったが、規制を含む諸制度もそうした方向で設計し直されなければならないはずだ。

そして、イノベーションをビジネスに結び付ける主体はいつの世も企業である。企業のリスクテイクなしには、イノベーションも収入に結び付かない。企業のリスクテイクとは、企業による人的・物的資本への投資である。さらに、最近の先進国企業のビジネスモデルにおいては、無形資産がますます重要になっている。[66] したがって企業の投資をみる上では、必ずしも会計上の分類だけでなく、イノベーションを具体的なビジネスに結び付けるリスクテイクが行われているかどうかが大事になっていくだろう。

なお、市場メカニズムでうまく解決できない問題については、どうしても政府の関与が必要になる。企業によるイノベーションが元気に生まれてくるような環境整備もまた政府の仕事である。しかし、具体的にどの分野でそうした環境整備を行えば良いかということは、簡単には答の出ない難しい問題である。イノベーションを競っていく段階にあるので、それにも仕方のない面もあるが、政府もリスクをとって選択をしていかなければ、きっと日本経済から不振感は消えない。現在、世の中で良く議論されていることからすれば、地球温暖化対策、半導体、エネルギー、食料、医療などがそうした分野の例なのだろう。イノベーションの主体である企業との意志疎通を円滑に行った上で、政治もまたリスクテイクの自覚を持って、日本経済の未来のために、環境整備を行う分野の優先順位を決めなければならない。それを踏まえた政府の対応は、これまで繰り返し言われてきた成長戦略を改めて起動し、実効ある政策としていくことでもある。本書では、マクロ安定化政策としての金融・財政政策に焦点を当てて議論をしてきたが、両政策とも今日難しい状況にあるのは、その成長戦略の立案・実行がこれまで必ずしも十分でなかったためでもあると言えるのではないだろうか。

以上、本書の最後の章として、これからの日本経済のイメージを、企業のビジネスモデル、労働市場、企業のガバナンスの側面から考え、現在の物価環境の変化がそれらを通じた日本経済の供給構造の変化を加速させる可能性を考えた。

60 中小企業庁、中小企業・小規模事業者の数（2021年6月時点）。https://www.chusho.meti.go.jp/koukai/chousa/chu_kigyocnt/2023/231213chukigyocnt.html

61 https://www.cas.go.jp/jp/seisaku/atarashii_sihonsyugi/pdf/dabiplan2022.pdf

62 https://www.cas.go.jp/jp/seisaku/atarashii_sihonsyugi/bunkakai/sisanunyou_torimatome/plan.pdf

63 杉岡優・伊藤雄一郎・開発壮平・高富康介、「物価変動のコスト・ベネフィットを巡る議論の潮流」（日本銀行リサーチラボ・シリーズ、No. 24-J-4、2024年9月）では、価格の硬直性と製品のライフサイクルを考えあわせた場合、「各製品の相対価格が減少トレンドを持つことが、効率的な資源配分を達成するために望ましい」く、その「相対価格の減少トレンドを実現するには、一般物価が緩やかに上昇することが望ましい」とする先行研究の例を紹介している。

64 https://www.enecho.meti.go.jp/about/pamphlet/energy2022/001/

65 https://www.maff.go.jp/j/zyukyu/zikyu_ritu/013.html

66 例えば、ジョナサン・ハスケル、スティアン・ウェストレイク、『無形資産が経済を支配する―資本のない資本主義の正体』（東洋経済新報社、2020年1月）および『無形資産経済　見えてきた5つの壁』（同、2023年6月）を参照。

おわりに

大きく変わった日本経済を取り巻く環境

本書は、『「デフレ論」の誤謬』（2018年）、『日本経済　成長志向の誤謬』（2022年）に続く著者の3冊目となる論述である。前著の原稿を書いていた2021年後半には、日本のインフレ率が2%を上回って上昇するなどということは全く想定できなかった。また、その脱稿時にロシアによるウクライナ侵攻が始まった。それをきっかけに、グローバルにインフレ圧力が高まり、日本経済を取り巻く環境も様変わりとなった。

前著ではまだ、日本での追加的金融緩和の可能性も念頭にあったが、それも今となってはすでに遠い昔のことのようだ。さらに、コロナ禍という前代未聞の事態の記憶も、日に日に過去のものとなっていく。しかし、これらの経験は日本経済に大きな変化をもたらした。それら日本経済を考える上での前提条件の大きな変化が、今回、本書を書こうと考えた理由の1つである。

また、本書で対象としたのは、概ね平成の30年間の日本経済だが、振り返ってみると、この期間、様々なところで、言わば戦後昭和のビジネスモデルをいかにうまく復活させるかに必死になってきたという感慨が残る。結局、バブルの崩壊後、その復活はうまくいかず、日本経済には停滞感、不振感が満ちた。

そうした中で、日本銀行の金融政策も変化の時を迎えている。本書では、その金融政策と財政政策を合わせたマクロ安定化政策について、これまでの経緯を振り返り、それを踏まえ、これからのあり方を考えた。もっとも、著者の経験は金融政策に関連する分野に偏りがあり、その部分の記述が多くなっている。

「デフレ」と「成長志向」の誤謬

著者の最初の著作である『「デフレ論」の誤謬』では、繰り返すマイルドなデフレが、日本経済が直面する問題の根幹ではないという点について考えた。本書の執筆時点で政府は公式に認めていないが、2024年末の現時点では、もはやデフレではなくなったと言って良い。また、消費者物価指数前年比がマイナスというデフレの時期は、実は過去においても限定されていた。

加えて、「消費者物価前年比がマイナスの状況でなくなれば、2%程度の実質成長が実現できる」という暗黙の理解が、かつての異次元緩和の背景にもあったように思う。今振り返れば、それは短絡的に過ぎた。

ただし、消費者物価でみたデフレがまたやってくるという期待が蔓延している状況とそうでない状況では、企業のリスクテイクの姿勢が違う可能性がある点は本書で繰り返し述べた通りである。そうした思考のステップを飛ばして、「デフレでさえなくなれば」ということを、厳密な意味でデフレでなかった期間も言い続けてきた。

2冊目の『日本経済　成長志向の誤謬』では、さらにその日本経済はもっと高い実質成長率を実現できるはずだという主張の根拠を考えた。デフレと言ってきたその本質的な意味合いは、実は成長率の低さではなく、日本経済に蔓延してきた「不振感」だったのではないかという問題提起である。ここに第2の誤謬があった。

本書では、前2著でみた以上のような日本経済を考える上での誤謬を改めて振り返り、1990年代以降のそれぞれの時期において、ではどうすれば良かったのかということを考えた。これが3冊目となる本書のテーマである。

図表 X-1　世帯数の変化（10年前比）

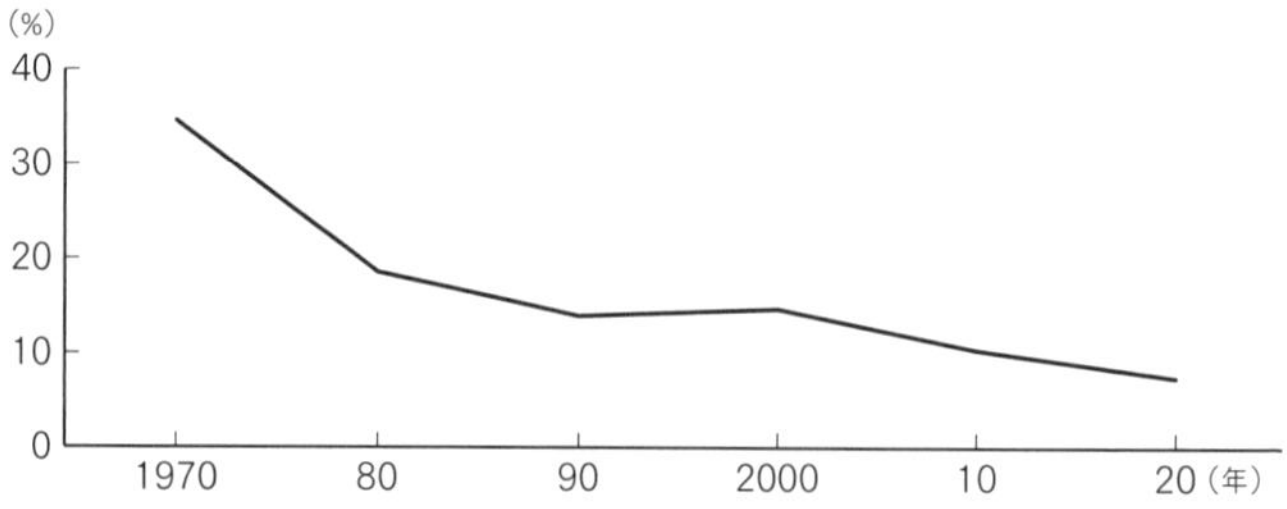

（出所）OECD Stat.
内閣府、「国民経済計算」
総務省、「国勢調査」

「経済大国」を追う時代ではなくなった

多くの人は、もはや日本経済はそのスケールを追う時期が過ぎたと感じているのではないだろうか。生産年齢人口も総人口もすでに減少を始めた。世帯数も傾向的にその伸びを低下させているし（**図表X－1**）、また第3章でみたように、高齢者も含めた1人世帯の比率が上昇している（前掲**図表3－3**）。日本の経済、社会はスケール・ダウンの時を迎えている。もはや「経済大国」を追うフェーズは過ぎ、それを越えて日本の国土で暮らす人々の幸福感、well-beingを重視するところに来ているのではないだろうか。

にもかかわらず、マクロ安定化政策の面では、スケールの拡大を追ってきた。そして、それが必ずしも成功してこなかったことが、何とも言えない閉塞感に繋がってきた。例えば、目指してきた実質経済成長率の目線は、バブル崩壊の後始末が一段落した2000年代央以降も、2%程度に留まったままだったのではないか。それは、日本経済にとって実力以上のものであった可能性が高い。そして、需要刺激を強化することで、その無理な2%成長を追ってきたのが、この20年間余りであったように感じられてならない。

今バブル崩壊後の30年余りを振り返る時、もっと説得的に経済の状況を整理し、それと整合的なマクロ安定化政策のあり方を、分かりやすく説明すべきであったという思いを、個人的には拭うことができない。そのため本書も、前2著に続き、基本的にできなかったことを総括するかたちとなってしまった。

第1章でみたような日本経済の置かれた環境の大きな変化が、マクロ経済のパフォーマンスに及ぼす影響を明解に整理し、その下での巡航速度の日本経済のあり様を、平易に説明できたら良かった。そして、そうした日本経済の実力を高めていくために、どのようなマクロ安定化政策が望ましいかを、納得できるかたちで示すことができれば良かった。そういう反省が残る。

本書では、振り返りとしてではあるが、そういう自分の反省に答えようと努めたが、平易に、説得的にという点を改めて点検してみると、必ずしもうまくできていない。また、金融政策、財政政策、いずれについても、ほとんどの内容が、今からしてみればという後知恵である。バブル崩壊後の長い時間経過の中で、それぞれの区切りの時点で、どう説明をしていれば良かったかという問いには、最後まで答えが出せていない。

それでも、金融政策については、景気循環に沿って金融緩和の程度を一定程度ダイナミックに変化させた方が、長い目でみて日本経済にとってプラスではなかったかという点は、改めて強調しておきたい。また、財政政策については、2％インフレが実現するまで金融緩和を強化するという政策スタンスの下で、財政赤字に対する感覚の麻痺が拡がる事態に至ってしまったことに深刻な危機感を覚えている。

新しい世代が担う未来へ

もっとも、バブル崩壊の後始末にせよ、その後の供給構造の変革にせよ、それを進めるスピードは、社会が求めてきた結果という面もある。失われた時間との批判も確かにあるが、マクロ安定化政策は、経済全体に影響を与えるものであり、国民の支持なしに運営を続けることはできない。もし、もっと違う展開があり得たのであれば、その可能性がちゃんと示され、そして、なぜそちらの方が望ましいのか、多くの国民が納得する必要があった。

そもそも、遅すぎたとも言われるこの期間の様々な調整のスピードには、日本社会が実際に選択した顕示的選好（revealed preference）だった面もあったはずだ。コストはかかったが、そ

図表 X-2　生産年齢人口１人当たり実質 GDP

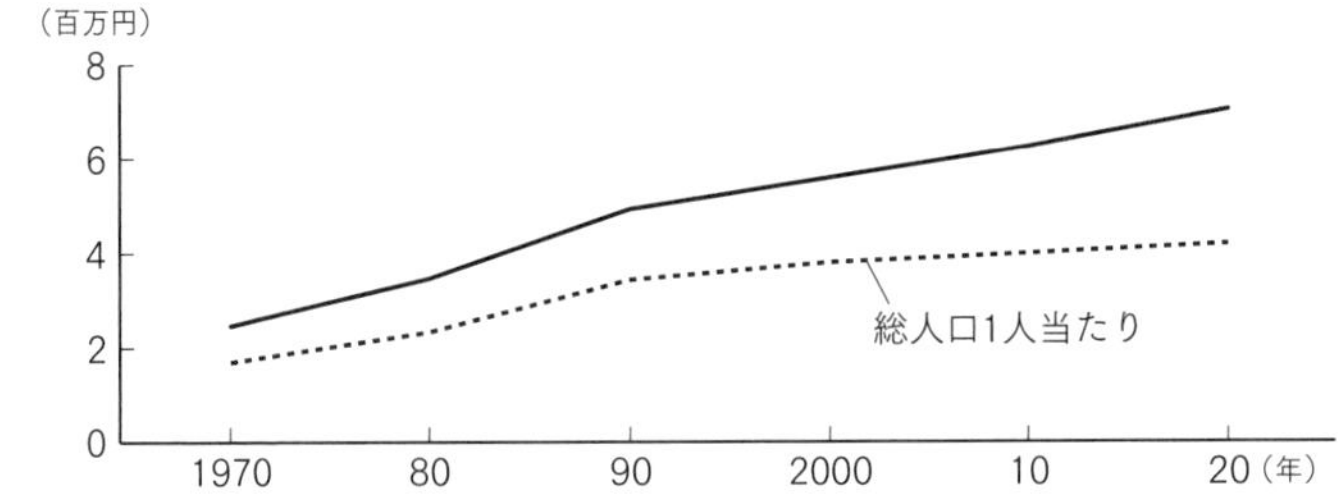

（出所）OECD Stat.
内閣府、「国民経済計算」
総務省、「国勢調査」

れは求めたものを手に入れる対価であり、事実、社会の安定という面では、先進国の中の比較でも、相対的にスコアは高いように感じる。

にもかかわらず、何もかもが駄目だったというような総括では、次の時代を担う若い世代が先に元気に進んで行く気持ちを削いでしまうだろう。ここから先は、せっかく、取り戻しつつあるようにみえる日本経済のダイナミズムを、絶やすことなく、さらに躍動させるこれからのマクロ安定化政策であってほしい。

ファクトとしても、平成の時代が始まった時点と現時点を比べると、発射台としての日本経済の状況は明らかに違う。生産年齢人口１人当たりの実質ＧＤＰは傾向的に増加しており、そのトレンドは総人口１人当たりの実質ＧＤＰとは明確に違う（**図表X－2**）。高齢化が進む中で、付加価値生産に従事している人についてみた場合と、それも含めた総人口についてみた場合では、マクロ

図表 X-3　総人口1人当たり正味資産

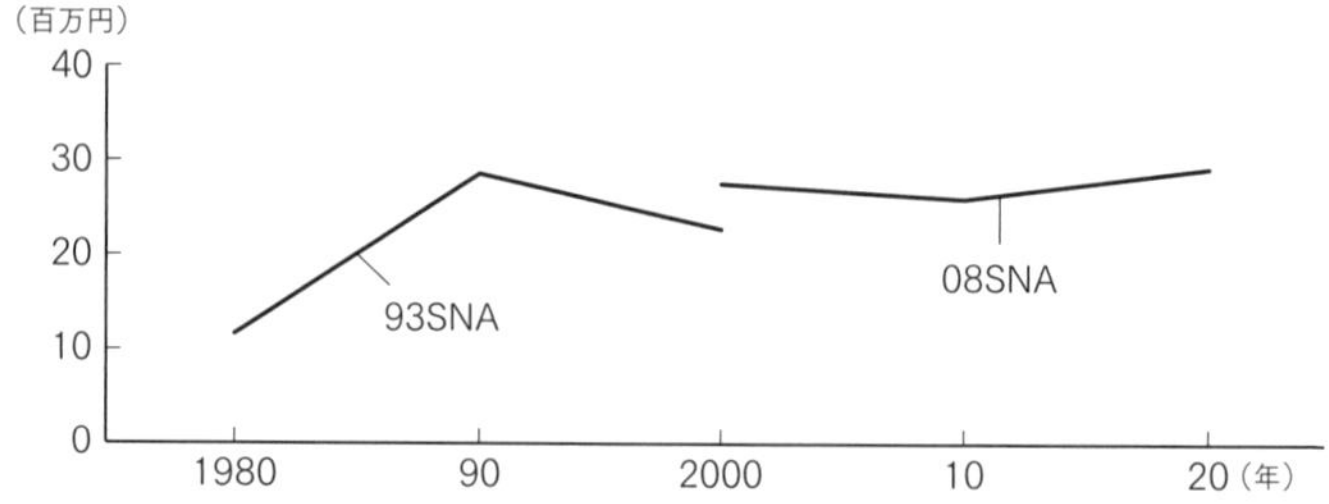

（出所）OECD Stat.
内閣府、「国民経済計算」
総務省、「国勢調査」
（注）表中のSNAは「国民経済計算体系」を意味し、93SNAは1993年の、08SNAは2008年の基準による統計であることを示している。

経済のフローのパフォーマンスはそれなりに違うということだ。一方、ストックでみても、総人口１人当たりの正味資産は、足元ではバブル崩壊前の水準を上回るところまで回復している（**図表X－3**）。このように、発射台としての日本経済の現状は、バブル崩壊直前と比べてより高いところに位置している。この違いを活かせば、これから日本経済のダイナミズムを大いに復活させることは決して不可能ではないだろう。

カリフォルニア大学サンディエゴ校のウリケ・シェーデ教授も、日本企業は独自の進化を遂げてきており、それを自覚し、活かしていけば、今後さらに変わっていくことが可能だと指摘している。(67) バブル崩壊後、これまでの期間は、決して単に失われたわけではなく、日本の社会らしく、様々な調整をできるだけ円滑に進めようとした結果としての時間経過でもあったのである。

だからと言って、これからもこれまでと同じスピードでの前進で良いということにはならない。今日、外生的要因によるインフレは、日本経済の景色を大きく変えた。ここから先は、次の時代を新しい世代の人々が、過去の歴史に学ぶ賢者として、本書でカバーした約30年余りの時間を踏まえ、元気に、そしてアジャイルに、日本経済のリスクテイクを積極化させてほしい。日本経済がそのダイナミズムを本格的に取り戻せれば、高齢化・人口減少が進む下にあっても、新しいグローバル化の下で、イノベーションをビジネスに結び付け、日本に住む1人1人がより豊かさを感じることができるようになれる。そういう日本経済の未来のイメージを持って、本書を終わることにしたい。

67　ウリケ・シェーデ、『シン・日本の経営』（日経プレミアシリーズ、２０２４年）、Ulrike Schade, "The Business Reinvention of Japan" (Stanford Business Books,2020) を参照。

謝辞

本書では、スケールの拡大を最優先にする時代を過ぎた日本経済において、どのようなマクロ安定化政策がそのダイナミズムを取り戻す上でより良いものかを考えた。『「経済大国」から降りる』というタイトルは、当初、自分として否定的な印象を否めなかったのだが、それこそまだ戦後昭和の感性を払拭できていない証左かもしれない。

マクロ安定化政策と言っても、自分の過去の経験を踏まえ金融政策への言及部分が大きくなっている。しかし、現在の財政赤字と日本銀行のバランスシートの状況からして、両者を別々に議論することはできないと考え、財政政策にも触れている。

その金融政策について、2%のインフレ目標が長期的なものであり、それを目指して、景気の循環に沿って金融環境を緩和したり引き締めたりしないと、結局、経済構造の新陳代謝は進まないという問題提起を行っている。実際にそうした金融政策を運営するためには、かなり抜本的なコミュニケーション政策の見直しをしなくてはならないだろうし、運営そのものの困難度も増す。したがって、あまり現実的ではないとみられる向きも多いだろう。

しかし、現在の日本経済になお残る不振感は、様々な硬直性から来ているように感じられてならない。思考の硬直性も例外ではない。これまでやってきたようにやっていたのでは、展望はひらけない。本書は、そうした思考の硬直性に対する、自分なりのささやかな挑戦でもある。なお、本書の校正をしている間に、日本銀行の「金融政策の多角的レビュー」が公表された。非常に多岐にわたり、かつ詳細な報告書となっている。到底、全てを消化できたわけではないが、特に高齢化が進む下でのデフレがどう資本蓄積に影響を与えたかといった分析は、本書の問題意識にフィットしたアウトプットだと感じた。

最近、経済誌に特集があり、40年以上前の気持ちをまた新たにしたのだが、著者に経済学への途を示してくれたのは故石川経夫先生である。到底、石川先生のようには生きることはできず、先生より20歳近く長い時間を過ごしてきた到達点がここかと思うと、まさに内心忸怩たる気持ちになるが、先生の教えに従えば、残りの時間をさらに精進せよということになるだろう。

これまでの2冊の単著同様、本書はかつての職場である日本銀行の30年間にわたる経験をもとに書かれたものである。その間にいただいた先輩、後輩の方々からのご指導、刺激に改めて御礼を申し上げたい。また、その後に勤務した株式会社リコーでの経験も、日本経済を考える上での自分の思考を磨いてくれた。リコー経済社会研究所を離れてもう3年半が過ぎるが、在職期間中にお世話になった方々にも感謝申し上げたい。そして現在の職場である公益社団法人日本証券アナリスト協会での勤務を通じて出会った方々からは、また新しいインプットをいただいている。それらは本書にも少し反映できたように思っている。

さらに埼玉大学などいくつかの大学で継続的に教える機会を得ることができたことも、自分の考えを整理する上で、まさに最高の学びであった。お世話になった先生方、受講してくれた学生のみなさんに感謝したい。また、日本学術振興会から長年にわたって科学研究費の助成をいただいている。その研究の仲間である城西大学の竹村敏彦教授、法政大学の武田浩一教授、大和証券チーフエコノミストの末廣徹さんからも多くを学んだ。

加えて、公益社団法人経済同友会での活動、令和国民会議（令和臨調）への参加を通じて得ることができた知見も非常に多い。ご一緒させていただいた会員の皆様、両者の事務局のスタッフの方々にも改めて御礼を申し上げる。

私が社会人大学院で学んだ際の指導教官で埼玉大学名誉教授の伊藤修先生、その伊藤ゼミで一緒に学んだ東京海上アセットマネジメント参与・チーフストラテジストの平山賢一さんには、前著に続いて本書の初期の原稿に目を通していただき、大変有益なコメントを頂戴した。また、日本銀行の後輩である重見庸典さん、服部良太さんからも詳細で本質的なコメントをいただいた。これらの方々に、心からの感謝を伝えたい。ありがとうございました。もちろん、残る誤りが全て著者に帰することは言うまでもない。

本書の図表の作成に当たっては、一橋大学大学院経済学研究科の松本涼さんに大変お世話になった。研究が忙しい中、ありがとうございました。そして、本書の編集者である細谷和彦さん、宮崎志乃さんには、前著に続き、大変助けていただいた。お二人がいなければ、本書がこうしたかたちで完成することはなかった。改めて御礼を申し上げたい。

前著は当時96歳だった父に捧げた。その父も、もう1つ年齢を重ねること能わず他界した。そうしたこともあり、2024年の春に喧噪の都会を離れ、群馬県高崎市に転居した。遠くに山々を望み、山林の香りを運んでくる風は気分をリフレッシュしてくれる。この地で、気持ち新たにまた前に進みたいと思う。

引っ越しという一大作業を担い、その後の本書の執筆を支えてくれた妻の弘子に対する感謝の気持ちを改めて記しておきたい。どうもありがとう。これからは近辺の散策をする時間ももっと持てるだろう。妹の比美子、姪の絵里菜も引き続き応援をしてくれた。絵里菜は戸籍上の苗字が変わったが、幸せになってほしいと願っている。

2025年新春　窓を開ければ赤城山がみえる高崎の書斎にて

神津多可思

著者略歴

神津多可思（こうづ・たかし）

公益社団法人日本証券アナリスト協会専務理事。1980年、東京大学経済学部卒業、日本銀行入行。金融調節課長、国会渉外課長、経済調査課長、考査課長、政策委員会室審議役（国会・広報）、金融機構局審議役（国際関係）等を経て、2010年よりリコー経済社会研究所主席研究員。株式会社リコー執行役員（内部統制担当）等を経て、2021年より現職。公益社団法人経済同友会幹事。関西大学ソシオネットワーク戦略研究機構非常勤研究員、オーストラリア国立大学豪日研究センター研究員。埼玉大学博士（経済学）。日本証券アナリスト協会認定アナリスト（CMA）。著書に『日本経済 成長志向の誤謬』、『「デフレ論」の誤謬』（いずれも日本経済新聞出版）等。

「経済大国」から降りる

ダイナミズムを取り戻すマクロ安定化政策

2025年2月25日　1版1刷

著　者　神津多可思

©Takashi Kozu,2025

発行者　中川ヒロミ

発　行　株式会社日経BP
日本経済新聞出版

発　売　株式会社日経BPマーケティング
〒105-8308　東京都港区虎ノ門4-3-12

装丁　新井大輔
組版DTP　マーリンクレイン
印刷・製本　シナノ印刷
ISBN978-4-296-12000-0
Printed in Japan